디지털시대의 자격,

공감과
갈등해결의
리 더 십

임윤서 지음

임윤서

현재 동국대학교 다르마 칼리지에서 학생들을 교육하고 있다. 청춘들을 만나고, 이들이 가진 고민을 해결하기 위해 사는 삶이 천직이라 믿고 있다. 새로운 무언가를 탐구하는 것에 즐거움을 느끼며 예민한 통찰력을 유지하기 위해 노력 중이다. 주된 연구 분야는 공감, 리더십, 청년, 사회문화, 창의성, 정치사상 등이다. 최근에는 새로운 시대 전환에서 어떤 기회요소가 있을지 관찰하고 있다. 대안적 삶, 차별 없는 삶, 모든 생명을 존중하는 삶에 관심이 많다.

디지털 시대의 자격, 공감과 갈등해결의 리더십

발행	2021년 07월 20일
저자	임윤서
펴낸이	한건희
펴낸곳	주식회사 부크크
출판사등록	2014.07.15.(제2014-16호)
주소	서울특별시 금천구 가산디지털1로 119 SK트윈테크타워 A동 305호
전화	1670-8316
E-mail	info@bookk.co.kr
ISBN	979-11-372-5086-4

www.bookk.co.kr

디지털시대의 자격,

공감과
갈등해결의
리더십

임윤서 지음

차례

머리말

21세기 리더십은 목표에 대해서는 능동적인 아이디어를 발휘하며, 구성원에 대해서는 개개인에게 깊숙이 관여해야 한다. 일에 대한 관념에서는 새로운 접근방법을 개발하고 열정을 강조하며, 타인과의 관계에서는 강력한 '감정'이 수반된 인간관계를 형성해야 하는 것이다. 따라서 리더는 구성원을 '명령'의 대상이 아닌 '이해와 배려'의 대상으로 생각하고 '공감'하고 '갈등을 해결' 해야 하는 것이다. 구성원들이 창의력과 자율성을 발휘할 때 최대의 성과를 발휘하는데, 이를 위해서는 우선 협력 및 상호존중의 분위기를 조성해야 하며 그와 같은 분위기를 위해서는 '공감과 갈등해결의 리더십'이 매우 중요하다.

"공감능력은 필요에 의해 개발된다!"

- 로버트 그린

"공감은 만병 통치약이 아니다.

진정으로 누군가의 처지가 되어볼 결심이 필요하다."

- 로먼 크로즈나릭

1부

디지털 시대의 자격, 공감리더십

1장 시대의 요구와 공감과 갈등해결의 리더십

우리가 살아가는 현대사회는 실체적 공동체와 비대면의 실시간 세계가 공존하고 있다. 팬데믹 이후 기존의 관계 경험과 인간 정서의 교류 방식이 완전히 변화된 상황에서 이제 새로운 대안적 관계 전략을 모색해야 한다. 인류는 '느슨하고 깊은' 관계를 지향하면서도 끊임없는 자기과시를 통해 개인의 욕망에 충실한 이중적 면모를 보여주고 있다. 서로간의 일정한 책무를 요구하여 이를 서로 지켜나가도록 만드는 규범체계가 과거형이라면, 지금은 과도한 책임과 개입을 거부하고 효율성의 범주에서 끊임없이 리셋되는 관계의 순환이 보편적 양상이 되었다. 이러한 관계 사이클 안에는 사회적 책임, 신뢰의 바탕이 되는 감정은 자신과 타자에 대한 성찰, 또는 인간 그 이상의 존재에 대한 공감과 갈등해결에 대한 의식이 놓여 있다. 공감과 갈등해결은 일방적으로 도움을 주는 시혜적 관계가 아니라, 공동의 이해관계를 형성하여 상호존중하고 협력하는 수평적 관계에서 실현된다.

□ Concept

- '공감'은 인류의 역사와 함께 해 온 가장 영향력 있는 키워드이며, 남녀노소를 막론하고 인간이라면 그 누구나 공감의 강화를 열망하지만, 이 시대에 필요한 만큼 진정한 공감을 가지고 있는 사람이 없다는 사실에는 누구나 동의할 것이다.

- 시대는 새로운 리더십을 요구하고 있으며, 구성원들의 기대에 부응하지 못하는 무능력한 리더에 대한 불신은 이제 전 세계에 만연되어 있지만, 오늘날 사회를 새롭게 발전시키기 위해서는 새로운 역량을 가진 리더십이 절실하다.

□ 토론

> 1. 여러분들이 생각하는 공감은 어떤 것인가?
>
> 2. 공감이라는 용어의 탄생

□ 공감의 어원 이해

- 내면을 반영하는 공감은 영어로 심퍼시(sympathy)와 엠퍼시(empathy)로 표현한다. 심퍼시는 동정이나 연민에 가까우며 다른 사람의 어려움을 머리로 이해하는 것이다. 반면 엠퍼시는 감정이 이입되며, 다른 사람의 어려움을 마음으로 이해하고 함께 느낀다는 의미이다.

- 감정이입(感情移入; Einfühlung)이라는 단어는 19세기 독일의 철학자 로베르트 피셔(Robert Vischer)가 처음 사용한 신조어였다. 원래 로베르트 피셔는 이 단어를 인간 이외의 대상에 인간의 감정을 투사한다는 의미로 사용하였으나 테오도르 립스(Theodor Lipps)가 이 감정이입을 우리가 타인의 자아를 알아차리는 방법을 설명하려는 하나의 시도로 또한 미적 감상의 본질을 설명하는 수단으로 사용함으로써 19세기 후반 심리학과 미학에서 동시에 주목받는 단어가 되었다. 립스는 이 감정이입을 공감(Sympathy)이라는 단어와 뚜렷이 구별하지 않고 사용하였으나 영어로 이 단어(Einfühlung)를 처음 번역한 에드워드 티체너(Edward Titchener)는 독일어의 Sympathie와 동일한 단어인 Sympathy를 그대로 사용하기에는 의미가 다르다고 생각하여 역시 Empathy라는 신조어를 만들어 옮기게 되고 이 Empathy라는 단어는 심리학 분

야에서 처음 사용된 이후 차츰 널리 영미 일반에 받아들여져 지금에 이르게 된다(데이비드 호우, 2013).

■ 사례

평창 패럴림픽 식당에서 배려를 보았다.

찜·저온 조리로 식감 부드럽게/배식대 낮추고 테이블 간격 넓혀/바닥 홈 메꾸고, 일회용컵엔 홀더

지난 일요일 2018 평창 겨울패럴림픽(이하 패럴림픽)이 흥행과 운영, 양면에서 대성공을 거두며 막을 내렸다. 선수들의 뜨거운 열정 못지않게 이번 패럴림픽 성공 개최의 밑거름이 됐던 것은 경기장 곳곳에 장애인 선수들을 위해 배치됐던 과학적이고 따뜻한 배려의 장치들이다. 이는 패럴림픽을 성공적으로 치룬 우리가 향후 일상에서 장애인들을 위해 실천하고 변화시켜야 할 인식의 출발점이기도 하다. 특히 많이 이들이 모이고 이용하는 선수촌 식당에서 준비한 배려들은 평소 잘 모르고 지나쳤던 작은 부분들까지도 배울점이 많았다. 작은 장애물에도 걸음걸이에 방해받을 수 있는 선수들을 위해 마룻바닥 사이마다 난 홈을 테이프로 메꾸고, 휠체어를 탄 선수들이 식사 전에 손을 씻을 수 있도록 테이블마다 물티슈를 준비했다.

패럴림픽 선수촌 식당은 휠체어 탄 선수들을 위해 테이블 사이 간격은 넓히고 6인용

테이블엔 의자를 3개씩만 배치했다. [사진 신세계푸드]

주방의 셰프들은 운동량이 부족한 선수들의 식단을 위해 시간이 좀 걸리더라도 소화가 잘 되는 부드러운 음식과 조리법을 사용했다. 본래 빙상경기장이었던 용평돔(용평실내빙상경기장)을 식당으로 단장한 내부는 월드존·아시안·코리안·할랄·24시간 존으로 구분돼 있으며 하루 400여 종의 다양한 메뉴가 제공됐다. 음식 종류나 가짓수는 평창올림픽과 똑같지만 자세히 살펴보면 다른 점들이 눈에 들어온다. 패럴림픽엔 49개국 선수 570명이 참가했는데 이중 휠체어 장애인이 약 200명, 시각 장애인이 60명 가량이다. 실내는 이동이 불편한 이들을 위한 동선과 공간 확보를 고려해 배치됐다. 테이블 수를 30% 줄여 테이블 사이 간격을 넓히고, 6인용 테이블엔 의자를 3개씩만 배치해 휠체어를 탄 선수들이 편하게 이동하고 앉을 수 있도록 했다. 테이블마다 물티슈를 준비해 휠체어를 타고 이동한 선수들이 식사 전에 손을 깨끗이 닦을 수 있도록 했다. 마룻바닥 틈새마다 테이핑을 해 걸음이 불편한 선수들이 틈새에 걸려 넘어지지 않도록 했다.

휠체어를 탄 선수도 쉽게 음료수를 꺼낼 수 있도록 한층에 다양한 음료수를 배치한 냉장고.

냉장고에 다양한 음료수와 유제품을 진열하는 모양새도 달랐다. 일반적으로는 한 층에 같은 종류의 음료수를 모아놓지만, 이곳에선 한 층에 콜라·사이다·물·주스 등 다양한 종류의 음료수를 골고루 배치했다. 휠체어를 탄 선수들도 어떤 종류의 음료가 있는지 한 번에 확인하고 쉽게 팔을 뻗어 원하는 음료수를 꺼낼 수 있도록 한 것이다. 음료를 담는 일회용 컵엔 전부 홀더를 끼우고 뚜껑도 구비해뒀다. 배식대 높이도 조절했다. 기본 식사는 주방요원들이 직접 배식했지만, 선수들이 직접 음식을 담을 수 있도록 한 24시간존의 경우 배식대 높이를 8cm 정도 낮춰 휠체어에 앉아서도 음식이 잘 보이고 팔 동작이 원활하도록 배려했다.

음식도 달랐다. 메뉴 가짓수는 앞서 있었던 겨울올림픽과 같지만 조리법이 달랐다. 운동량이 일반인보다 부족한 선수들이 소화가 잘되도록 부드러운 식감을 우선시했다. 이를 위해 굽거나 볶는 대신 찜 요리 비중을 늘렸다. 예를 들어 소갈비구이 메뉴는 갈비찜으로 바꿨다. 농어·광어·연어는 구이 대신 스팀 조리했다. 똑같이 굽는 방식을 사용해도 겨울올림픽 땐 180도 오븐에서 90분 동안 구웠다면, 패럴림픽 땐 100도에서 2시간30분 이상 굽는 등 저온조리법을 많이 사용해 육질을 더욱 부드럽게 만들었다. 겨울올림픽부터 패럴림픽까지 선수촌 식당 메뉴를 책임진 신세계푸드 최정용 총괄 셰프는 "소화흡수 능력이 떨어지거나 이동이 불편한 선수들이 많아 메뉴부터 동선까지 세심한 부분까지 신경 써서 준비했다"고 설명했다. 그는 사전에 경기도 이천에 있는 대한장애인체육회 훈련원을 찾아 식당 운영 관련 노하우를 배웠다고 한다. 또한 올림픽 개최 2년 전부터 소치·리우올림픽 선수촌 식당 메뉴와 각종 요리 서적을 공부하고, 각국 대표팀의 영양사들의 조언이나 부탁도 흘려듣지 않고 모두 반영해 식단을 준비했다고 한다. 덕분에 이번 패럴림픽 선수촌 식당은 IPC(국제 패럴림픽 위원회) 위원들과 선수들로부터 호평을 받았다.

앤드류 파슨스 IPC 위원장도 대회 기간 선수촌 식당을 찾아 "훌륭한 식사와 서비스에 선수들을 대표해 감사하다"고 말했다. 캐나다 대표팀 마리 라이트(58·휠체어컬링) 선수는 "외국 대회에선 음식이 잘 안 맞을 때가 많았는데 평창은 메뉴가 다양해 기호에 따라 선택할 수 있었다. 나뿐만 아니라 다른 동료들도 크게 만족했다"고 말했다. 한국 대표팀 이해만(48·아이스하키) 선수는 "체력 소모가 큰 선수를 위한 육류부터 식단 관리가 필요한 선수를 위한 샐러드·과일까지 다양하게 준비돼 있어 좋았다"고 칭찬했다.

자료 : 중앙일보(2018년 3월 20일)

현대사회의 다양한 문제와 갈등은 공감의 결핍으로부터 비롯된다고 판단된다. 즉, 상대방에 대한 이해와 존중이 수반되지 않고, 공감이 충분하지 않을 때 심화된다. 사회적 문제나 개인, 조직내 갈등의 근본적 해결책은 공감의 적절한 형성이라는 인식이 중요하며, 많은 영역의 논의들에서 사회문제에 대한 처방으로서의 공감의 중요성이 부각되고 있다. 제러미 리프킨(Rifkin)의 통찰처럼 '공감하는 사람(Homo empathicus)'라는 새로운 인간관은 승자독식의 경쟁위주 문명의 극단성을 극복할 수 있는 대안으로 공감을 강조한 것이다.

인간은 감정의 동물 : 감정을 읽는 능력은 '생존 본능'

1. 공감의 기초, 감성지능

    □ **Concept**

■   감성지능(Emotional Intelligence: EQ)이란?

자신의 감정을 조절하며 다른 사람의 감정을 분별하고 의식하며 이해하여 원만한 관계를 유지하는 능력을 의미한다. 이는 개인이 가지고 있는 잠재력과 목적을 추구하는 동기의식을 부여한다. 우리 내면의 가치, 포부, 열망을 활성화 시키는 촉매가 되며 또한 이는 공동체에 잘 적응하고 다른 사람과의 관계를 유지하는 능력이다.

■   감성지능의 4가지 하위요소

감성지능의 개념은 예일대학교 피터 샐로비(Peter Salovey) 교수와 존 메이어(John May-er) 교수에 따르면 크게 4가지 하위능력으로 구성된다.

- 감정을 인식하기 : 타인의 감정을 정확히 읽어내는 능력

- 감정을 이해하기 : 다양한 감정들에 대해 잘 알고, 감정의 변화를 이해하는 능력

- 감정을 활용하기 : 감정을 하고 있는 일에 효과적으로 활용하고, 상대방과 감정을 공유하는 능력

- 감정을 관리하기 : 자신의 감정 및 타인의 감정을 현명하게 관리하는 능력

감성지능의 4가지 영역

자신과 타인의 감정을 정확히 인식하는가?

자신과 타인의 감정을 현명하게 관리하는가?

인식 관리

이해 활용

감정의 원인을 알고 감정의 변화를 이해하는가?

감정을 이성적 사고 촉진에 효과적으로 활용하는가?

□ 토론

위기의 시대, 구성원들의 마음을 얻기 위해서는 어떻게 해야 할까?

□ 토론을 위한 팁

■ 성공하는 조직 혹은 사회를 이끌고 있는 리더들의 공통점을 살펴보면, 80%의 감성지능과 20%의 지적/기술능력이 조화를 이룰 때 리더십의 효과가 높다는 견해가 많다.

감성지능형 리더	비(非) 감성형 리더
- 리더 스스로 자기 내면의 깊은 성찰	- 자신의 입장과 이익에 몰두
- 구성원의 감성과 욕구의 이해와 배려	- 권위와 권력에 매료되어 독선적이고 강압적인 리더십 표출
- 공동의 선(善)을 찾아 자연스럽게 구성원을 이끄는 사람	- 정보의 독점으로 자기 우월성 과시

■ 감성지능이 향후 리더들의 핵심적 자질이 되어야 하는 이유는 사회 및 조직 구성원이 가진 가치관이 시대의 요구에 따라 급속하고 다양하게 변화하고 있기 때문이다. 즉, 구성원들이 가진 다양한 가치관과 패러다임을 제대로 이해하고 수용할 수 있는 상호

관계의 형성이 매우 중요한 시대라는 것을 의미하는 것이다.

2. 다니엘 골만의 감성리더십

다니엘 골만(Daniel Goleman)은 효과적인 리더들이 한 가지 공통적인 핵심 특징을 갖고 있음을 발견했다. 그것은 이들이 모두 높은 감성지능의 소유자라는 것이다. 지능과 전문성이 상관없다는 뜻이 아니라 이 또한 중요하지만 그것은 그저 경영자가 되기 위한 최소 요건에 불과하다는 것이다. 최근의 연구들에 의하면 리더십의 필수적인 요소는 바로 감성지능이다. 아무리 좋은 훈련을 받고 예리하고 분석적 사고로 멋진 아이디어를 끊임없이 제시한다 하더라도 감성지능 없이는 멋진 리더가 되지 못한다.

□ **Concept**

■ 다니엘 골만(Daniel Goleman)은 1995년 'Emotional Intelligence(감성지능)'라는 용어를 처음 사용하였고, 이를 1998년 HBR논문에서 최초로 비즈니스에 그 개념을 적용하였다.

■ 그는 거의 200개에 가까운 글로벌 기업들에 대한 조사를 통하여, 리더십과 전통적으로 연계된 특성들인 지능, 강인함, 결단력, 비전 등이 성공을 위해 필요하다고 하지만, 그들만으로는 충분하지 못함을 밝히고 있다.

■ 그는 실제로 유능한 리더들은 높은 수준의 감성지능인 자각, 자기규율, 동기부여, 공감/감정이입, 사회적 기능을 포함하는 감성지능에 의해 뚜렷하게 구별됨을 밝히고 있다.

■ 이러한 특성들이 뭔가 강인하지 못하고 비즈니스와 관계없는 것처럼 들릴지 모르지만, 골만은 감성적 지능과 측정 가능한 사업결과 사이에는 직접적인 연결이 있음을 밝히고 있다.

■ 골만의 주장이 발표된 이후로 비즈니스와 감성적 지능 사이의 관련성에 대한 논쟁이 지속되어 왔다.

감성지능의 5가지 요소

구분	개념	리더에게 발현되는 행동 특성
자아 인식 능력 (Self-Awareness)	▶ 자신의 기분, 감정, 취향 등과 이러한 것이 타인에게 미치는 영향을 분명히 인식하고 이해하는 능력	▶ 자신의 감정이 업무실적 및 구성원의 상호관계에 미치는 영향을 잘 파악하고 이해 ▶ 자신의 능력/한계에 대한 현실적이고 정확한 자기 평가 ▶ 강한 자신감과 유머 감각
자기 관리 능력 (Self-Regulation)	▶ 부정적인 충동과 기분을 통제하거나 바꿀 수 있는 능력 ▶ 행동하기 전 판단을 잠시 보류할 수 있는 능력	▶ 자제력, 책임의식, 일관된 정직성과 성실성 유지 ▶ 모호성에 대한 참을성 ▶ 변화에 대한 개방성 및 이를 극복할 수 있는 적응력
동기부여 능력 (Motivation)	▶ 돈, 지위를 넘어 직무를 성공적으로 수행하려는 열정 ▶ 힘과 끈기를 갖고 목표를 추구하는 경향	▶ 강한 성취 욕구 ▶ 실패에 직면했을 때 낙관적인 태도 유지 ▶ 조직 몰입도
타인 관리 능력 (Social-Skills)	▶ 인간관계를 형성하고 관리하는 능력 ▶ 공통의 입장을 발견하고 친밀한 관계를 형성하는 능력	▶ 원활한 커뮤니케이션을 통해 변화를 주도 ▶ 설득력 있는 메시지 전달 ▶ 갈등 관리, 연대감 조성 ▶ 팀을 조직하고 팀웍을 이끌어내는 능력
공감능력 (Empathy)	▶ 타인의 입장에서 생각해 보고, 그들의 감정을 있는 그대로 자신의 감정으로 느낄 수 있는 능력	▶ 열린 커뮤니케이션 ▶ 부하 직원에 대한 높은 배려 ▶ 진실성이 돋보이는 태도 유지

자료 : 대니얼 골먼(2008). EQ 감성지능. 서울: 웅진지식하우스.

짐 굿나잇 회장의 감성리더십

SAS는 전세계 모든 산업 분야의 기업, 기관들이 각자가 보유한 데이터로부터 매출, 고객, 시장, 리스크 등을 예측할 수 있는 인사이트를 제공해주는 비즈니스 정보분석 소프트웨어를 개발하는 기업으로, 일반인들에게는 생소하지만 IT 업계 종사자들에게는 잘 알려진 기업이다. SAS는 전 세계 고급 분석 소프트웨어 부문 34% 이상의 시장 점유율을 자랑하는 이 분야 1위의 기업이다. CEO는 짐 굿나잇(Jim Goodnight) 회장이며, 직원 수는 약 12,000명이다. SAS는 〈포천〉이 '미국에서 가장 일하기 좋은 100대 기업'을 발표하기 시작한 1998년부터 오랫동안 연속으로 선정된 몇 안 되는 기업 가운데 하나이며, 그것도 거의 매년 10위 이내에 드는 베스트 가운데 베스트이다.

"SAS 캠퍼스에 오신 것을 환영합니다."

정문 경비원이 이렇게 인사한다. 미국 동부 노스케롤라이나 주 캐리 시에 위치한 SAS 본사는 차라리 대학 캠퍼스라는 표현이 더 적절하다. 365만㎡(110만 평)에 이르는 울창한 숲 속에 건물들이 드문드문 자리 잡고 있다. 아침 저녁으로 사슴과 코요테가 나타난다. 대학 캠퍼스나 공원도 이 정도로 조경이 잘 된 경우는 드물다. 회사 내부를 한번 둘러보기만 해도 절로 일할 맛이 솟구치는 환경이다. 뿐만 아니라 실질적인 근무 환경 또한 쾌적한 녹지 환경만큼이나 훌륭하다. SAS에는 얼마 되지 않는 일자리에 매년 수 천, 수 만 명이 입사를 지원한다. 뉴욕 같은 대도시나 첨단의 실리콘밸리도 아닌 시골 구석의 이 회사로 왜 이처럼 많은 사람들이 몰려들까? 단지 몰려드는 것만이 아니라 떠나가려 하지 않을까? 미국 IT 업계의 연간 평균 이직률이 22%인 반면 SAS의 경우는 평균 2.6% 대에 불과하다. 그나마 이마저도 스카우트되거나 배우자를 따라 사정상 근무지를 옮겨야 하는 등 어쩔 수 없이 퇴사하는 경우가 대부분이다. 이처럼 낮은 이직률은 결국 고객과의 장기적 관계, 기업 노하우 보존, 채용과 교육 비용의 절감으로 이어진다는 것이 회사 측의 설명이다. 낮은 퇴사율은 공동 창업자 겸 회장인 짐 굿나이트의 경영철학이 빚어낸 근무 환경 덕분이다. 그는 항상 직원들을 믿고 특별하게 대우하면 성과가 나오게 마련이라는 신뢰 경영을 고집하고 있다.

SAS는 비상장기업으로도 유명하다. 짐 굿나잇 SAS 창업자 겸 회장은 기업이 상장을 할 경우 주주들의 이해만을 위해 회사를 운영하는 것에 대해 반감을 가지고 있는 인물이다. 이미 수익을 내고 있는 상황에서 직원들과 장기적인 전략을 함께 고민할 수 있는데 굳이 상장해 주주 눈치를 보면서 단기 수익에 집착할 필요가 없다는 것이다. 이런 생각 때문인지 SAS는 일반 사무 직원뿐 아니라 청소를 담당하고 있는 인력들도 모두 정규직으로 채용하고 있다. 최근의 경제 위기 상황에서도 직원들을 구조조정하지 않고 오히려 고용을 늘렸다. 미국의 많은 기업들이 경제 위기의 한파 속에서 인력 조정에 나섰던 것과 대조를 이룬다. 다른 IT 기업들처럼 스톡 옵션이나 주식으로 대박을 내지는 않더라도 안정적인 일자리가 보장된다는 점에서 SAS는 최근 연속 일하기 좋은 기업 상위권에 오른 것으로 보인다. 그만큼 미국 사회에서도 고용 보장이 중요한 화두로 떠오르고 있는 것이다.

소프트웨어 산업이 지식 사업인 만큼 SAS는 단순한 복리 후생보다 직원들의 창의성을 키우는 투자에 힘을 기울인다. 실제 SAS는 직원들에게 탁아 시설, 의료 지원, 피트니스센터 등 총체적 편의를 제공하고 있다. 미국 기업으로서도 드물게 주 35시간 근무제를 도입해 오후 5시면 모든 직원이 퇴근한다. 회사는 직원들의 '칼 퇴근'을 보장하기 위해 오후 5시 이후엔 전화를 자동응답기로 전환한다. 캠퍼스 안에 있는 의료시설에는 외과의사, 물리치료사, 마사지사 등을 두고 직원들의 건강을 돌보고 있다. 직원 1인당 자녀 3명까지 사내 몬테소리 탁아소를 무료로 이용할 수 있다. 전체 직원의 반이상을 차지하는 여성 직원들을 위한 배려다.

부득이하게 퇴근이 늦어 저녁식사를 못 챙기는 직원들을 위해 '식사 가져가기(Meals to go)' 프로그램을 운영하고 있다. 집에 가서 가족과 함께 요리해 먹을 수 있도록 저녁식사 재료를 챙겨주는 프로그램이다. 또 거의 모든 직원들에게는 개인 사무실을 마련해 주어 업무에 집중할 수 있도록 한다. 그렇다면 이런 환경이 어떻게 성과와 회사 수익으로 이어질까? 회사는 소프트웨어를 임대해 주는 게 주요 사업인데, 한 번 자사의 소프트웨어를 사용한 고객의 이탈률이 2% 이하라고 한다. 직원들이 그만큼 열심히 일한다는 뜻이다. 미국 내 100위권에 속한 기업들 중 97%가, 500대 기업 기준으로는 80%가 SAS의 소프트웨어를 사용하고 있다. 직원들을 장기간 편안하게 근무하도록 지원하고 배려하면 충성도 높은 고객이 잘 유지되고 창출되는 것이다. SAS는 1976년 창업 이래 지금껏 단 한 번의 적자도 없이 연평균 8.8%의 높은 성장률을 기록하고 있다.

간접비용이 줄어드는 효과도 있다. 한 조사에 따르면 직원 한 사람이 1년 더 근무할 경우 미국 IT 업계 전체적으로 한 해 7,500만 달러의 간접비용 절감 효과가 발생한다. SAS는 조직의 활력을 유지하기 위해 직원들이 다른 부서로 자유롭게 이동할 수 있도록 허용하고 있다. 무작정 이동시키는 게 아니라, 체계적인 교육 프로그램을 통해 영업 훈련, 기술 훈련 등을 받게 한 후 새로운 부서로 이동시킨다. 직원들의 1/3이 그렇게 이동해 자신의 능력을 개발하고 성과를 높이고 있다. 직원들에 대한 회사의 투자와 신뢰는 자연스럽게 회장을 비롯한 경영진에 대한 믿음을 낳고 있다. 직원들은 전 세계 어느 지점에서라도 웹캐스트(Webcast)라는 온라인을 통하면 최고 경영자와 의사소통할 수 있다. 경영진이라고 특혜를 누리지 않는다. 경영진은 카페테리아에서 가족과 함께, 직원들과 함께 식사를 한다. 평직원들처럼 회사 아무데서나 마주칠 수 있는 사람들이다. 가족과 같은 분위기가 회사와 직원들의 가치를 높인다고 보기 때문이다.

자료 : 곽숙철(2012). CnE혁신연구소.

3. 불안 극복을 위한 감성관리

□ **Concept**

■ 낙관적인 태도와 즐거운 기분을 유지할 수 있는 리더는 아무리 힘든 상황에서도 공감을 불러일으키는 긍정적 감정을 발산. 자신의 감정과 충동을 제어함으로써 신뢰와 안정, 그리고 어디에도 치우치지 않은 분위기를 이끌어낼 수 있으며 이러한 분위기는 '트리클다운 효과(trickle-down effect : 상층에서 시작된 것이 전체로 퍼지는 현상)'를 이끌어낸다.

■ 감성지능이 낮은 리더는 자기도 모르는 사이에 원칙에서 벗어나 부정적 반응을 유발하는 말과 행동을 하게 되는데, 리더는 다른 사람의 관점에 귀를 기울이고 받아들이는 것을 통해 사람들의 감성적 채널에 주파수를 맞추고 공감을 불러일으켜야한다.

■ 관계를 노련하게 관리한다는 것은 곧 다른 사람의 감성과 능력을 잘 다룬다는 말이다. 가령 리더가 불성실하거나 거짓된 부분을 보인다면 사람들은 그를 신뢰하지 않

을 것이며, 리더는 자신의 관점과 가치관을 뚜렷하게 인식하고 긍정적인 힘에 확고하게 뿌리를 내린 뒤 집단의 힘을 이끌 수 있는 관계 관리의 능력이 있어야 한다. 하지만 관계를 제어한다는 것은 쉬운 일이 아니며 여기서 언급하는 관계 관리는 목적성이 뚜렷한 다정다감함이라고 할 수 있으며 목적성이란 제대로 된 방향으로 사람들을 이끄는 것을 말한다.

■ 리더십의 내용이 점점 복잡해지면서 사람들 사이에 '협력'을 요구하게 됨에 따라 관계를 다루는 리더의 능력은 더욱 중요해 질 수 밖에 없다. 가령 큰 규모의 조직에서는 사실상 독자적인 팀을 만들어 하부 조직의 대표에게 리더십을 '위임(empowerment)'해야 하며, 특히 오늘날의 사회는 더욱 더 많은 영역에서 협력을 통한 시너지 효과를 확보해야 함을 요구받고 있다. (다니엘 골만, 2008).

[읽기자료]

불안과 두려움을 감싸안고 심리적 안전감을 주는 리더십의 중요성

2019년 하버드 의대가 주최한 리더십 연례 컨퍼런스는 특정 감정에 주목했다. 감정에 관한 최근 연구 중 압도적으로 인기 있는 감정은 '불안'이다. 얼마나 많은 사람이 변화 속에서 불안해하고 두려워하는지를 보여주고 있다. 1970년대까지 기업 수명이 60년이었다. 2010년까지만 해도 기업 수명을 30년 정도로 보았다. 지금 포춘 500대 기업의 평균 나이는 15세이다. 기업의 수명이 한 인간의 커리어보다 짧다. 이러한 급격한 변화는 사람들에게 어두운 방에 들어가는 것과 같은 두려움을 갖게 한다.

세계적인 리더십 구루인 인사아드의 맨프레드 케츠 드 브리스 교수는 21세기 리더십은 유능함을 자랑하고 사람들을 압도하는 리더십이 아니다. 조직에 현명한 광대가 되어야 한다. 조직의 긴장을 완화하기 위해서 자신이 스스로 웃음거리가 되기도 하고, 위협적이지 않게 사람들이 자신을 돌아볼 수 있도록 해줘야 한다. 농담과 잡담 등 친근한 모습이 장려된다. 리더의 자기 희화화, 긴장을 풀어주는 잡담, 아주 사소하지만 상대방에게 나를 오픈하는 한마디, 그리고 낮은 자세는 사람들에게 호의를 불러내는 데 성공적으로 쓰이고 있다.

그렇다고 자신을 버리거나 내려놓는 것이 아니다. 스스로 두려움의 형태인 방어적 자세와 선제적 방어 자세인 공격적 언행을 내려 놓는 것이다. '어떻게 감정이 만들어지는가'의 저자인 신경과학자 하버드대의 리사 팬드먼 배럿교수는 우리의 한정된 에너지 관리가 언어를 통해서 가능하다고 주장한다. 우리 몸은 한정된 에너지원인 글루코스와 이를 운반하는 코르티솔을 통해 운용된다. 이 에너지원은 우리가 몸을 움직일 때 머리를 쓸 때, 어떤 감정을 느낄 때 한 구좌에서 사용된다. 우리는 두려움이나 우울함 같은 감정이 생길 때 이것을 관리하기 위해 많은 에너지를 쓴다. 감정을 참는 데에도 에너지를 쓴다. 예일대 감성지능연구소는 감성지능을 '감정을 정량적으로 표현하거나 통제하는 기술'이라고 정의하면서도 몸이 피곤하면 이러한 기술도 소용이 없어진다고 주장한다. 따라서 기본적으로 이 에너지를 효율적으로 사용하기 위해서는 에너지를 균형 있게 관리해야 한다. 주변 사람들과의 좋은 관계, 무엇보다 그들과 사용하는 언어를 조율할 것을 강조한다. 기분 나쁜 말을 들으면 그 감정을 다스리는 데 에너지원이 쓰이게 되고, 스트레스 호르몬이 분비된 상태에서는 몸의 기능이 제대로 작동하지 않을 뿐만 아니라 에너지도 고갈되는 현상이 발생한다.

자료 : 김현정(2019). 동아비즈니스리뷰(DBR) 286호.

1. 인간의 뇌는 공감을 지향한다.

[읽기자료]

공감(共感)과 공감(空感)의 시대

주말이면 어김없이 보게 되는 TV 프로그램이 있다. 토요일인지 아니면 일요일인지. 정확히 몇 시에 하는지도 모른다. 그래도 어찌 된 일인지 주말 아침에 눈을 뜨고 TV 앞에 앉으면 꼭 보게 되는 그 프로그램은 동물에 대한 것이다. 대개 다쳐서 절룩거리는 동료를 보호하며 함께 이동하는 코끼리, 죽어가는 어미 곁을 떠나지 못하는 고양이, 강아지를 제 자식처럼 키우는 원숭이, 닭을 제 가족으로 생각하고 보살피는 개가 등장한다. 때로는 '인간극장'보다 더 감동적인 이 장면에서 어머니는 항상 이런 말씀을 하셨다. "짐승이 사람보다 낫다."

제 가족도 아니고, 심지어 종이 다른데도 서로 배려하고 보살피는 동물들의 모습은 분명 감동적이다. 동물들이 서로를 위해 때로는 자신을 희생할 수 있는 건 서로 상대의 슬픔이나 고통에 공감(共感)하기 때문이다. 그리고 우리가 동물들의 행동을 보며 감동을 받는 것도 공감하기 때문이다. 사람도 아니고 동물이 동정심(sympathy)이나 공감(empathy)을 느낀다는 주장은 이러한 감정이 사회적인 교육을 통해 강제되는 것이라는 기존의 주장을 뒤집는 것이었다. 그러나 1980년대 짧은 꼬리 원숭이에서 발견된 거울신경세포(Mirror neuron)의 예에서 볼 수 있듯이, 인간과 마찬가지로 동물도 공감 능력을 가지고 있으며, 이것이 반드시 교육을 통해서만 습득되는 것은 아닌 듯하다.

물론, 공감은 동물보다 인간에게 더 자연스러운 것이다. 이유가 무엇이든 간에, 내가 아닌 다른 존재의 슬픔과 고통을 안타까워하고 때로는 그것을 덜어주기 위해 노력하는 것이야말로 인간적인 것이라고 흔히 생각한다. 게다가 우리가 공감을 느끼는 대상 역시 같은 인간에서 북극곰, E.T., 아톰으로까지 확장됐다. 우리는 이제 말이 통하지 않는 대상과도 감정을 공유할 수 있다. 이러한 맥락에서 제러미 리프킨(Jeremy Rifkin)은 우리가 '공감의 시대(The Empathic Civilization)'에 살고 있다고 말한다.

타인의 감정을 느끼지 못하다

그러나 지금이 공감의 시대라면, 과거는 분명 그렇지 않았다. 인류 역사를 살펴보면 인간이 서로에게 공감을 느끼기 시작한 지도 얼마 되지 않았다. 흑인, 인디언, 유대인… 헤아릴 수 없이 많은 차별과 학살이 만연했었다. 인간에 대한 공감도 없던 때인데 동물이야, 자연이야 말해 뭐하겠는가. 이미 역사책은 고래와 북극곰, 심지어 사람을 잡은 이야기로 가득 찼다. 공감하지 못하는 자들에 대한 이야기는 지금도 계속된다. 친구를 집단 구타하는 아이들, 장애아동을 학대하는 어른들, 엄동설한에 세입자를 내쫓는 집주인, 최저임금은커녕 생존도 보장해주지 않는 고용주, 유리창 너머에서 99%의 외침을 안줏거리 삼아 샴페인을 마시는 금융가. 인면수심(人面獸心)이라는 수식어를 붙이기에 동물들에게 미안할 지경이다.

이처럼 공감 능력을 상실한 인간들을 흔히 사이코패스(psychopath)라고 부른다. 사이코패스 하면 대개 아무렇지도 않게 살인을 저지르고 심지어 그것을 즐거워하는 살인마가 떠오르지만 사실 사이코패시(psychopathy), 즉 '반사회성 인격 장애'를 가진 사람 정도로 이해하는 게 적절하다. 사이코패스는 본인 스스로의 감정을 느끼는데 미숙하기 때문에 타인과 공감하지 못하고, 결과적으로 반사회적인 인격을 보인다. 사실 앞서 언급한 것과 같은 공감 없는 사람들 대부분은 사이코패시와는 다르게 자신의 감정은 잘 느끼지만 타인의 슬픔이나 고통에는 무심한 경우일 것이다. 이처럼 인류 역사상 유례없는 공감(共感)의 시대는 타인의 슬픔과 고통을 아무렇지도 않게 생각하는 공감(空感)의 시대이기도 하다.

우리가 만들어낸 괴물, 공감 불능자

사이코패스와 같은 반사회적 성향은 선천적 요인보다 후천적 요인에 의해 결정된다고 한다. 사람 자체보다 그 사람을 둘러싼 환경이 그들을 공감불능자로 만든다는 말이다. 결국 우리 시대의 공감 불능자는 우리가 만든 인간이다. 아무렇지도 않게 장애인을 멸시하고 폭행하지만 집에서는 정말 착한 아들/딸은 우리가 만들어낸 괴물이다. 그러나 환경이 공감불능자를 만든다는 말은 곧 공감을 주고받을 수 있는 적절한 관계 속에서 성장한다면 사회적 성향이 발달할 수 있다는 말이기도 하다. 공감(空感)의 빈 공간은 따뜻한 공감(共感)으로 채워야 한다.

자료 : 대학내일(2011년 10월30일)

□ **Concept**

■ 인간은 공감(empathy)의 동물이며, 우리는 타인의 행동을 온몸으로 이해할 수 있는 능력을 가진 사회적 존재이다. 게다가 공감의 범위를 호모 사피엔스 사피엔스만으로

한정 짓지 않으며, 동물의 권리에 대한 인식이 점점 높아지면서 동물과 깊은 교감을 나누는 사람들도 점점 늘어나고 있다.

■ 미래학자 리프킨(J. Rifkin)은 인간의 본성과 사회의 미래를 다룬《공감의 시대(The Empathic Civilization)》(2009)에서 인간이 이와 같이 세계를 지배하는 종이 된 것은 자연계의 구성원들 중에서 인간이 가장 뛰어난 공감 능력을 가졌기 때문이라고 언급하였다. 그는 이러한 인간을 '호모 엠파티쿠스(Homo Empathicus)'라고 불렀다. (Rifkin, 2009).

□ 토론

---

1. 우리가 누군가, 무엇인가에 공감 할 때 우리의 뇌에서는 어떤 일이 일어날까?

2. 그보다 더 근본적으로, 우리가 타인의 행동을 이해할 때 뇌에서는 어떤 일이 일어나는가? 나의 뇌는 타인의 행동을 어떻게 이해하는가?

□ 토론을 위한 팁

■ 인간은 누구나 타인의 마음을 읽는 능력을 가지고 있는데 연구자들은 우리가 '마음 이론(theory of mind)'을 장착하고 있기에 가능하다. 인간의 뇌 속에 있는 거울 뉴런계는 시각 정보를 곧바로 운동 신호 형식으로 변환시켜 주는 기제를 이용하여 타 개체의 행동을 이해하기 때문이다.

■ 집단을 이루어 살아가는 모든 종은 타인의 행위와 반응, 행태에 대한 고차원의 민감성과 자각 능력을 발전시켜 왔으며, 최고의 고등 생물인 포유류는 집단생활의 기술에 더욱 주목하여 동종 생물의 계획과 의도를 이해하는 능력을 발달시켜왔다. 하지만 이중에서 오직 인간만이 더욱 복잡하고 세밀한 수준의 상호 관점 수용 능력을 지

니게 되었으며, 공감 능력이야말로 인간의 최종적 승리를 결정짓는 지표이다. (데이비드 호우, 2013).

2. 공감은 인류 진화의 산물

[읽기자료]

우리 대 타인을 넘어선 공감의 진화인류학-70억 인류가 모두 우리 가족!

공감에 대한 이해만으로는 부족하다. 환경파괴, 기아, 전쟁, 테러, 인종차별, 종교갈등 등 전 지구적 위기를 해결하려면 문제의식의 주체를 타인에서 '우리'로 바꿔야만 한다. 여기서 의문점이 하나 생긴다. '우리'란 어떤 공동체를 지칭하는가? 세계적 진화생물학자로 손꼽히는 폴 에얼릭과 심리학 분야의 세계적 권위자 로버트 온스타인이 공저한 〈공감의 진화〉가 이 질문의 답을 해주는 책이다. 아니다. 정확히는 이 책에서 그들은 우리가 흔히 사용하고 지칭하는 공동체인 우리가 전 지구적 위기를 초래하고 방관하고 있다고 딱 꼬집어 말해주고 있다. 저자들이 말하는 '우리'란 70억 지구인을 지칭하는 인류의 다른 말이다. 작게는 가족과 단체, 그나마 크게는 국가와 민족이라는 소집단 우리에서 벗어나, 인류 전체를 우리라고 지칭하고 사용했을 때 당면한 전 지구적 위기상황들을 해결할 실마리가 잡힌다는 게 이 책의 요체다.

하지만 '우리'(인류, 세계인)라는 개념이 머릿속에 팍 그려지지 않는 것도 사실이다. 타자의 개념 자체가 사라진 우리라는 인류공동체가 가능한 일인지도 의심스럽다. 물론 이것은 불가능한 희망 사항과도 같다. 그럼에도 현 상황에서 미래가 디스토피아로만 그려지고 상상 된다면 우리는 매우 제한적인 집단개념인 우리를 넘어서 '우리'가 되어야만 한다. 어떻게? 인간을 인간답게 만드는 특성인 공감능력을 획기적으로 진화시켜서 말이다. 책에서 두 저자는 생물학, 뇌과학, 인류학, 역사를 아우르면서 인간의 공감능력이 어떤 식으로 진화했는지를 파헤친다. 예를 들면 인류의 무리 짓기 본능과 협력 같은 사례를 통해 우리와 타자를 구별하는 인간행동양식을 설명한다. 특히 공감능력을 바탕으로 한 협력을 바탕으로, 인간은 수렵채집 생활을 하던 석기시대부터 가족집단이라는 공동체를 만들어 자신을 스스로 보호하고 종을 번식시켰다. 그 결과 나약한 생물 종에 불과했던 인간은 70억에 달하는 인류를 번성시키면서 지구의 패권을 잡았다. 이에 따른 부작용도 만만치 않다. 우리 이외에 모든 이들을 타자로 규정해 인류는 역사적으로 타자를 배척하는 온갖 잘못을 저질렀다. 전쟁, 나치와 르완다 대학살, 문화 상대주의, 종교 갈등, 인종차별, 경제적 불평등, 환경오염 같은 게 본질에서 타자를 배척하는 행동양식에 비롯된 문제들이다.

연구결과에 따르면 인간은 개인당 최대 150명하고만 정신적 공감관계를 맺는다고 한다. 이를 '가족집단'이라고 부른다면 150명 안에 포함되지 않는 나머지 사람들은 타자가 된다. 즉 가족이야말로 우리를 발견하고 '타인'을 만드는 가장 핵심적 단위가 된다. 저자들은 이 핵심적 단위를 깨기 위해서는 인류 전체를 가족집단에 포함하는 의도적이고 의식적인 공감능력의 확대가 필요하다고 말한다. 그런데 이게 말이 쉽지 우리의 삶에서 이와 같은 의식의 변화를 이끌기란 매우 어려운 문제이다. 기술적 진보로 인해 오늘날 커뮤니케이션의 역할은 절정에 달해 있다. 하지만 이 안에서도 우리는 자신의 생각을 대변하는 집단에만 소속되려고 하거나 공감관계를 맺으려고 한다. 달리 말해, 자신이 지닌 편견을 대변해주는 단체나 매스컴을 통해서만 소통을 시도하고 세상을 보고 있다. 네트워크 기술의 비약적 발전은 150명 이상과도 공감(소통)할 수 있는 사회적 환경을 만들어줬지만, 우리의 의식은 아직도 수렵채집사회의 '우리 vs 타인'의 논리에 지배받고 있다는 방증이다. 낙담할 필요는 없다. 지리적, 경제적, 정치적 경계가 사라져가고 진화한 네트워크로 촘촘히 서로 연결된 70억 지구인들이 아직도 수렵채집사회 방식의 논리에서 벗어나지 못하고 있다는 사실만이라도 우리가 이제 인식했다는 게 중요하다. 이게 하나의 티핑 포인트가 돼 우리 대 타자라는 프레임에서 벗어날 수 있는 인식의 전환을 이끌 수 있기 때문이다.

개인주의의 만연, 자신의 이익을 대변하는 매체의 발달 때문에 우리는 공감 부재 시대 속에 살고 있다. '나만 아니면 돼!' 식의 생각은 작게는 불평등을 낳았고 크게는 지구라는 인류공동체의 생존을 위협하는 지경까지 이르렀다. 인간은 감정의 지배를 받는 동물이다. 진정으로 누군가의 고통에 공감할 때 우리는 그 고통의 원인을 없애는 일에 진심으로 동참할 수 있다. 불편을 감수하더라도 말이다. 이 때문에 지구 반대편에 사는 아프리카 어린이가 기아에서 벗어날 수 있다면 이 불편은 인류라는 거대한 가족집단을 미래라는 희망으로 데려다 주는 하나의 연결고리가 될 게 분명하다. 세상의 변화속도에 비해 인간의 공감능력은 너무나 더디게 진화하고 있다. 지구라는 인류 공동체가 지속 가능한 상태에 도달하려면 가장 먼저 타자를 우리 가족으로 인식하는 공감능력을 확장시켜야 한다. 그래야만 전 지구적 위기를 초래한 문제들을 해결하려는 자발적 행동이 뒤따를 수 있다. 이 변화가 언뜻 보면 쓸데없는 일 같고 티도 안 나는 일 같지만, 타자의 자리를 없애는 진정한 세계인이 한두 명 늘어날수록 세상은 지금보다 더 좋아질 것이다. 다시 한 번 말하지만, 타자에 대한 이해만으로는 부족하다.

자료 : 폴 에얼릭 · 로버트 온스타인(2012). 공감의 진화. 서울: 에이도스.

[사례]

인류사에 숨겨진 역설

1914년 12월 24일 저녁 프랑스 플랑드르 지방 1차 세계대전의 전장

근대 이전까지 철학자들은 홉스 "만인에 대한 만인의 투쟁", 로크 "인간은 탐욕적 존재", 벤담 "행복추구는 쾌락욕구" 등이라고 규정 했지만 1914년 크리스마스 이브에 플랑드르의 전장에서 수만 명의 병사들이 보여 준 행동은 원죄나 생산적 노동과는 아무런 관련이 없는 것이었다. 그리고 그 병사들이 서로에게 보인 우정을 통해 추구했던 쾌락은, 19세기 공리주의자들이 내놓은 쾌락에 대한 다소 피상적인 설명은 물론이고 프로이트의 에로틱한 충동에 몰두하는 인간에 대한 병리학적 설명과도 전혀 닮은 구석이 없다. 플랑드르의 병사들이 보여 준 것은 보다 심오한 인간적 감정이었다.

그리고 그것은 인간의 실존적 상황에서 드러난 감정으로, 시대와 상상을 초월한 것이었다. 이제 우리는 그 병사들의 모습에 왜 감동을 받는지 자문해야 한다. 그들은 인간이기를 택했다. 그들이 드러낸 인간 능력의 한복판에 자리 잡고 있었던 것은 서로에 대한 공감이었다. 인간의 능력 가운데 가장 으뜸가는 것이면서도 소홀히 다루어졌던 공감능력은 사실 모든 인간에게서 볼 수 있는 보편적 조건이다. 공감할 수 없다는 것

은 모두 핑계이고, 억지이고 거짓일 뿐이다. 공감적 고통은 우리 인종만큼이나 역사가 깊어 멀리 거슬러 올라가면 인간의 친척인 영장류, 그리고 포유류의 조상에게까지 연결된다. 그러나 뒤늦게 생물학자나 인식과학자들에 의해 포유류에서 원시적 형태의 공감을 발견하게 된 것은 지극히 최근의 일이다. 그들은 영장류나 인간이 공감할 수 있는 것은 뇌의 신피질이 발달했기 때문이라고 분석한다.

자료 : 제레미 리프킨(2010). 공감의 시대. 서울: 민음사..

□ Concept

■ TV나 신문 등 언론 매체를 통하여 많은 사회 문제가 드러나고 있다.(왕따, 폭행, 인터넷 중독 등의 청소년 문제, 높은 노인 자살률, 그리고 각종 부정행위를 일삼는 고위 공무원 등 사회 지도층 인사들의 범법행위 등). 청소년과 노인 및 사회 지도층 인사의 잘못된 일탈행위는 다른 차원에서 비롯되는 것이 아니라, 같은 차원에서 비롯된다고 볼 수 있는데, 말하자면 동료나 관련되는 사람들과 공감이 안 되는 데서 비롯된다는 것이다(제레미 리프킨, 2010).

■ 공감은 인생의 가능하면 이른 시기에 공감할 줄 아는 부모나 보모로부터 또는 교사로부터 배워야 하며(대니얼 골만, 2008), 공감은 정서적, 인지적, 그리고 행동적 특성을(제레미 리프킨, 2010) 가지고 있기 때문에, 공감할 줄 모르는 사람에게서 성장한 사람은 공감할 줄 모르며 공감하게 되면 그 사람은 자연스레 도덕적으로 행동하게 된다.(마틴 호프만, 2011).

□ **〈사례 1〉** 학교폭력 90% 사라지게 한 **캐나다의 '공감의 뿌리'** 프로젝트

아이들 한 명 한 명이 세상을 바꾼다

자료 : EBS 퍼펙트 베이비

'공감의 뿌리'는 자기를 이해하고, 타인을 이해하며, 사회를 이해하는 데 꼭 필요한 인간관계의 여섯 가지 요소를 활용해 수업을 진행한다.

① 첫 번째 요소 : 신경 과학

② 두 번째 요소 : 기질

③ 세 번째 요소 : 애착

④ 네 번째 요소 : 감성 능력

⑤ 다섯 번째 요소 : 진정한 소통

⑥ 여섯 번째 요소 : 사회적 포용

공감에 초점을 맞추다 보면 공통의 경험을 통해 서로를 더 잘 이해할 수 있을 뿐만 아니라 서로의 차이도 새로운 눈으로 바라보고 받아들이게 된다. 이처럼 사회적 포용을 중요한 가치로 삼을 때 서로 다른 목소리를 가진 아이들이 함께 모여 협동하는 법을 배울 수 있다. 아이들은 이 안에서 민주주의와 협동을 배우며 조화로운 공동체를 형성한다. 이렇게 '공감의 뿌리'는 자신을 이해하는 데서 그치지 않고 타인과 사회를 이해하고 포용하며, 결국 세상에 협력과 평화를 가져오는 힘을 키워준다. 학교에서 공감 능력을 깨우친 아이들은 가난하고 소외된 사람들을 보살피고, 환경과 생명을 중시하는 어른으로서 세상을 변화시킬 수 있다는 것이다(메리 고든, 2010).

□ 〈사례 2〉 확대된 공감

[읽기자료]

공감의 확장은 왜 중요한가?

공감의 확장은 우리 모두가 공유하고 있는 취약성에 대한 실존적 자각에서 비롯된 것이고 공감이 겉으로 표현될 때 더 잘살아 보기 위한 공동의 노력이 축적된다. 사회구조가 복잡해질수록 역할은 더욱 차별화되고 자아의식은 더욱 뚜렷해진다. 동시에 다른 고유한 자아와 접촉하고 대면할 기회도 많아진다. 다양한 종류의 사람들이 분투하는 모습을 보면서 자신의 모습을 돌아보고 그들에게 더 많은 공감을 하게 될 가능성도 커진다. 공감이 확대되면 다른 사람의 곤경이나 형편을 마치 자기 자신의 것인 양 느끼게 되고 동시에 거기 그 자리에 있었다는 이유로 자신의 자아의식이 강화되고 심화되는 역현상이 일어난다.

공감의 확장은 갈수록 복잡해지는 사회적 교류와 인프라를 가능하게 하는 사회적 접착제이다. 공감이 없는 사회생활이나 사회적 조직은 상상조차 할 수 없다. 자아도취에 빠진 사람, 반사회적 이상성격자, 자폐적 불구자들로 가득 찬 사회를 생각할 수 있는가? 사회는 사교적이어야 하고 사교적이 되려면 공감이 확대되어야 한다. 사회가 복잡할수록 자아의식은 더 확실해야 하고 다양한 종류의 다른 사람들과 접촉이 많아야 하며 공감이 확대될 수 있는 가능성이 더 커져야 한다. 인간 본성을 근본적으로 다시 생각하게 만드는 새로운 견해가 최근에 모습을 드러내며 위력을 나타내고 있다. 아울러 앞으로 몇 세기 동안 우리의 사회적, 환경적 관계를 새로이 파악하여 적응할 방법을 논의하는 원대한 계획에도 조금씩 탄력이 붙고 있다. 이제야 우리는 우리의 모습에서 '호모 엠파티구스'(Homo empathicus)를 찾은 것이다. 적어도 지금까지 사회구조가 복잡해지고 에너지의 처리량과 엔트로피가 크게 증가하면서 보다 다양한 타자, 심지어 동물에까지 공감을 확대할 수 있는 조건이 형성되었다고 말이다. 동물을 포함하여 지구상의 모든 생물들이 살기 위해 발버둥치는 모습에 공감하는 분위기가 조성되고, 그들을 지탱해주는 생활조건, 서식지, 생태계에 보다 많은 관심을 갖고 동조하게 된다는 사실은 분명 역사가 갖는 비극적 결함이다. 하지만 우리 모두의 생존을 위협하는 엔트로피의 보복과 정비례해서 공감을 가능하게 해 주는 우리의 관심과 감성도 함께 커져 간다.

자료 : 제레미 리프킨(2010). 공감의 시대. 서울: 민음사.

공감과 유사한 현상은 모든 생명체에 존재하는 것으로 알려져 있다. 만물의 영장이라 자부하는 인간은 동물들과는 뭔가 다르다는 여러 가지 이유를 들면서 동물과의 차별성을 추구하고 있다. 그러나 2014년 출판된 버지니아 모렐의 '동물을 깨닫는다'라는 책을 보면 동물들에게 인간 못지않은 능력과 희노애락의 감정이 있음을 보여준다. 이 책에선 개미의 학습능력과 곤충들의 정교한 삶의 체계, 물고기의 기억력과 통증과 고통을 느끼기에 우리가 식용으로 먹는 포유동물들에 비해 아무런 죄책감 없이 물고기를 먹어도 되는지 고민을 하게 만들었다.

물고기 못지않게 지적으로 낮은 수준인 새들이지만 앵무새는 인간의 언어능력과 유사한 능력을 선보이며, 웃을 줄 아닌 쥐와 장례식을 치르며 공감할 줄 아는 코끼리와 인간만큼 지능을 가진 돌고래, 유전적으로 가장 가까운 침팬지, 인간의 가장 친한 반려동물 개와 고양이, 깨끗함을 좋아하는 돼지와 죽음을 앞두고 새끼를 끝까지 챙기며 눈물 흘리는 소의 이야기까지 이런 동물들은 인간처럼 자기 자신을 인식할 줄 알고 사회적인 관계를 맺으며 다양한 감정을 가진 채 살아간다는 사실을 알 수 있었다.

공감을 잘한다고 알려진 코끼리   눈이 없는 장애견이지만 치료견으로 거듭난 스마일리

3. 공감이 사라진 사회, 공감을 거부하는 인간

[읽기자료 1]

악의 평범성(banality of evil), 지극히 평범한 인간의 범죄?!

"인류 구성원 가운데 어느 누구도 피고와 이 지구를 공유하기를 바란다고 기대할 수 없다는 것을 우리는 발견하게 됩니다. 이것이 바로 당신이 교수형에 처해져야 하는 이유, 유일한 이유입니다." 정치철학자 한나 아렌트(1906~1975)에게 대중적 명성을 안겨준 '예루살렘의 아이히만'. 이 책은 나치의 유대인학살 실행을 책임진 아돌프 아이히만의 재판부터 사형집행 순간까지 1년여의 취재를 바탕으로 아렌트가 고급 주간지 '뉴요커'에 1963년 4회에 걸쳐 연재한 심층기사를 엮은 것이다. 아렌트는 독일 출신의 유대인으로 나치의 학대를 피해 미국으로 망명했다. 뉴요커의 특파원 자격으로 쓴 이 기사에 불멸의 명성을 안겨 준 것은 **악의 평범성(banality of evil)**이라는 표현이다.

"이는 마치 이 마지막 순간에 그가 인간의 연약함 속에서 이루어진 이 오랜 과정이 우리에게 가르쳐 준 교훈을 요약하고 있는 듯했다. 두려운 교훈, 즉 말과 사고를 허용하지 않는 악의 평범성을."

오토 아돌프 아이히만은 히틀러 치하에서 유대인 학살의 실무자로 핵심적 역할을 수행한 인물이다. 그는 전쟁 직후 아르헨티나로 도주하여 15년 동안이나 숨어 살다가 1961년 이스라엘 정보기관에 납치되어 재판을 받고 처형되었다. 이 재판 과정을 지켜본 철학자 한나 아렌트의 책 '예루살렘의 아이히만'의 부제는 **악(惡)의 평범성**이다.

아이히만은 죽는 순간까지 자신의 죄를 인정하지 않았으며, 권력과 명예를 추구하던 평범한 군인이었을 뿐 잔인하고 극악무도한 악인은 아니었다는 거다. 여기서 아렌트가 독자에게 전하려는 메시지는, 자신이 하려는 행위에 대해 치열하게 반성하지 않는다면, 누구나 양심의 가책 없이도 끔찍한 짓을 저지를 수 있다는 불편한 진실이다.

자료 : 한나 아렌트(2006). 예루살렘의 아이히만. 서울: 한길사.

[읽기자료 2]

두 개의 실험, 똑 같은 결과-상황에 패배한 인간

1. 짐바르도의 감옥실험

그로부터 10년 뒤 미국의 스탠포드 대학에서 행해진 사회심리 실험(**짐바르도의 감옥 실험**)은 선량한 대학생이라도 **주어진 환경에 따라서는 서슴없이 끔찍한 짓을 저지를 수 있음**을 적나라하게 보여주었다. 실험에 자원한 대학생 18명을 무작위로 나누어 반은 수감자가 되고 나머지 반은 교도관이 되어 가짜 감옥에서 2주 동안 생활하도록 하는 실험이었다. 전적으로 사전에 계획된 가상의 상황이었고 참가자들은 모두 일당을 받고 고용된 지원자였지만 상황은 순식간에 통제가 불가능할 정도로 악화되었다. 교도관들은 수감자들에게 굴욕적인 언사와 가학적인 행위를 했고, 수감자들은 이 상황이 가상이라는 사실조차 잊을 만큼 죄수의 역할에 빠져들었으며, 극심한 스트레스에 시달렸다. 결국 실험은 6일 만에 중단되었다.

짐바르도의 감옥 실험을 영화화한 '엑스페리먼트'

2004년 아부그라이브 수용소에서 미군 병사들이 이라크 포로를 대상으로 저지른 반인륜적 범죄는 스탠포드 감옥 실험이 보여주었던 인간의 잠재적 악마성이 현실에서는 훨씬 더 끔찍하게 실현되고 있음을 보여주었다. 벌거벗은 포로들을 짐짝처럼 쌓아놓거나 짐승처럼 목줄을 걸고 끌고 다니는 여려 보이는 여군 병사의 모습, 그리고 자랑삼아 그 장면을 카메라에 담는 행위 속에서 우리는 누구나의 마음속에 숨어 있는 악마를 본다.

2. 밀그램의 "복종에 관한 행동연구"

밀그램은 미국의 사회심리학자이다. 하버드 대학교 재직 중 '작은 세상 현상'을, 예일 대학교 재직 중에는 '복종 실험'으로도 불리는 '밀그램 실험'(Milgram experiment)을 수행해 사회적으로 대단한 파문을 일으켰다. 1963년 밀그램은 '복종에 관한 행동의 연구'라는 논문으로 자신의 '복종 실험' 결과를 발표한다. 이후 그는 실험의 비윤리성으로 미국 정신분석학회로부터 한 해 동안 자격 정지를 당했다.

10년 뒤인 1974년에 '권위에의 복종'(Obedience to Authority)이라는 책을 출간했다. 그의 실험은 이후 여러 심리 실험의 원형이 되었다. 미국의 심리학자 스탠리 밀그램(Stanley Milgram, 1933~1984)은 '인간'이 근본적으로 선량한 존재라고 믿었다. 하지만 많은 사람들이 경우에 따라 몹시 악하게 행동할 수 있다는 사실도 잊지 않았다. 그들은 심지어 극악무도한 행동을 저지르려는 유혹에 빠지기도 한다. 밀그램은 그 대표적인 예로서 제3제국 시절에 독일인들이 보인 행동을 꼽았다. 어떻게 그렇게 많은 독일인들이 집단수용소의 감시자 역할을 할 수 있었을까?

미국에 사는 사람들도 그런 짐승 같은 인간으로 만들 수 있을까? 이를 과학적으로 탐구하기 위해서 밀그램은 1960년대에 한 가지 실험을 고안했다. 실험의 주제는 '권위에 대한 복종심'이었다. 먼저 밀그램은 전문배우 두 사람을 연구소로 초빙하여 한 사람은 교사의 역할(권위적 인물)을 연기하도록 하고 또 한 사람은 학생의 역할을 하도록 주문했다. 실험에서 두 배우는 마치 체벌을 통한 학습성과의 개선여부를 실험하고 있는 교수와 학생처럼 행동했다. 실험대상자들은 거리에서 임의로 선택되었고, 이 두 사람의 실험에 도우미로 참여해 달라는 부탁을 받았다. 그들은 모두 전문배우가 연기하는 교수와 학생을 진짜로 여겼다. 평범한 사람들 중에서 선택된 남녀 실험대상자들은 교수가 학생의 학습성과를 개선시키기 위해 지시하는 체벌을 학생에게 직접 집행

했다. 체벌은 전기충격을 가하는 것이다. 전기충격은 단추를 누를 때마다 한 번씩 가해졌고, 충격의 정도는 단계별로 높일 수 있었다.

실험대상자들은—이들은 자신이 배우의 연기에 속고 있다는 사실을 전혀 모른다—학생에게 최고 400볼트까지의 전기충격을 가할 수 있다. 실제로 사람에게 가할 경우 죽음에 이르게 할 수도 있는 강도였다. 밀그램의 관심은 실험대상자들이 직접적이고 구체적인—전문적 인상을 풍기는데다가 교수의 직위까지 더해진—권위의 영향 하에 놓일 경우, 만약 연구소 바깥에서 접했다면 잔인하고 정신 나간 짓이라고 여겼을 체벌을 실제로 실행에 옮기는지 여부였다. 실험결과는 건강하고 정상적인 시민의 모습을 송두리째 뒤흔들어놓았다. 미국의 어느 소도시나 집단수용소의 경비원 역할을 하기에 조금도 손색이 없는 사람들로 넘쳐났다. 일상에서는 별로 눈에 띄지 않던 평범한 사람들조차 적당한 권위(교수)에 굴복했고, 자신의 행동이 좋은 결과(학습성과)를 가져온다고 여기며 타인을 잔인하게 고문했다. 밀그램의 실험결과에 사람들은 경악을 금치 못했다.

수많은 재실험이 이루어졌지만 결과는 항상 똑같았다. 어떤 실험에서는 자신을 자유주의자나 사해평화주의자로 여기는 사람들만 따로 선별해서 실험대상자로 삼기도 했다. 밀그램이 발견한 잔인성이 소시민적 출신성분이나 성향 탓일지 모른다고 판단했기 때문이다. 하지만 실험결과는 정반대였다. 자유주의를 부르짖던 사람들은 그들이 평소 자신의 적으로 규정하던 사람들보다 더 잔인하게 행동했다. 자신이 속물이라고 멸시했던 사람들에 비해 더 빈번하게, 그리고 더 높은 단계에 이르기까지 전기충격을 가했다.

이 충격적인 실험결과를 좀 더 자세히 들여다보자. 목숨이 위험할 정도의 전기충격을 가하는 행동은 실험대상자들이 고통을 당하는 '학생'과 얼마나 친밀한 관계를 맺는가에 따라 달라졌다. 둘 사이의 관계가 친밀할수록 실험대상자들은 전기충격을 심하게 가하는 것을 주저했다. 둘의 관계가 점점 가까워지면서 어느 순간 그곳에서 고통을 당하는 사람이 추상적인 학생이 아니라 구체적인—너나 나와 똑같은—인간이라는 인상이 관철되면, 실험대상자들은 자신이 무슨 짓을 하고 있는지를 비로소 인식하고 하던 짓을 멈추었다.

자료 : 에른스트 페터 피셔(2009). 슈뢰딩거의 고양이. 서울: 들녘.

□ Concept

- 억압된 사회 또는 상황에서는 공감 능력이 망가질 수 있다. (밀그램, 짐바르도의 실험 등).

- 질병, 질환에 따라 공감 장애가 있을 수 있다. (자폐증 등).

- 공감 불능은 뇌 손상과 관련이 있다. (치매 등).

- 인간의 공감 지수는 하루에도 다양하게 변한다. (스트레스, 고통과 결핍 등).

- 공감의 부재는 사회를 위험에 빠뜨린다. (폭력, 범죄, 전쟁 등).

□ 토론

1. 여러분들이 만약 [읽기자료 2]에 제시되어 있는 두 가지 실험 상황에 처해 있다면 어떻게 행동할 것 같은가?

2. 공감불능 사회에서도 공감을 실천한 사례들이 종종 발견되는데, 나누고 싶은 사례를 이야기해보자. 이들이 용기를 내어 실천할 수 있었던 힘은 무엇일까?

3. 공감과 도덕성은 어떤 관계가 있을까?

□ **토론을 위한 팁**

무관심은 최악의 태도, '좋은' 분노가 필요하다.

분노는 어떻게 가능할까? 스테판 에셀의 '분노하라'를 주목한 까닭이다. 제목이 주는 인상이 강하다 보면 그것만으로도 제목이 파편화되는 경향이 있다. 그럴수록 제목은 균열이 생기면서 단순해져 누군가는 '분노하라'를 굳이 읽지 않더라도 얼마든지 내용을 지레짐작할 수 있다. 그럼에도 불구하고 이 책에 대한 메시지는 무관심과는 상당히 거리가 멀었다. 레지스탕스 운동의 백전노장인 저자는 역사를 좀 더 나은 방향으로 진보하기 위해 '참여'야말로 자신의 창조적 능력을 발전시키며 삶의 공동체적 가치를 회복할 수 있다고 역설하였다. 이 책에서 저자는 **개인적인 앞가림을 통렬히 비판하면서 '최악의 태도는 무관심'**이라고 말했다. 그리고 거듭 무관심이라는 정신적 결과물을 분석하면서 인간을 이루는 기본 요소 하나를 잃어버린 결과라고 강조하고 있다. 다름 아닌 기본 요소 하나란 참여 의지를 위한 중요한 버팀목이며, 가치를 지니는 것이다. 저자가 말하는 무관심의 역설은 독특하다. 누구나 평범하게 살고 있지만, 이 세상을 보면 참아낼 수 없는 일들이 넘쳐난다. 참을 수 없는 일들이 터질 때마다 사건의 당사자들만이 이중삼중으로 고통을 당한다. 그러나 얼마든지 우리도 고통의 희생양이 될 수 있다. 이럴 때 우리는 앞가림의 평범성을 깨닫게 될 것이다. 그것은 한나 아렌트가 [아이히만 예루살렘]에서 지적했던 '악의 평범성'과 같은 맥락이다. 악의 평범성은 다름 아닌 '무사유'(無思惟)에 대한 책임을 묻는 것이다. 냉소적으로 말한다면 무사유, 즉 생각이 있는 존재가 생각이 없는 존재가 되는 것이다.

저자는 특히 지구에서 벌어지는 폭력을 주시하면서 테러리즘을 용납할 수 없다고 했다. 이스라엘의 공격에 하마스가 로켓포를 발사하면 효과가 있는가? 물으면서 '없다'가 답이라고 했다. 이러한 폭력이라는 유감스러운 결론에 대해 저자는 비폭력에는 희망이 들어 있다고 성찰했다. 그래서 비폭력이 폭력을 멈추게 하는 좀 더 확실한 수단이라고 했다. 폭력에 저항하는 것은 당연하더라도 저자의 100% 생각을 드러내는 것은 아니다. 저자의 견해에 따르면 비폭력은 '좋은 분노'이기 때문이다.

자료 : 오우아(네이버 오늘의 책, 2012년 4월10일)

1. 공감의 아이러니, 공감의 한계와 과잉각성

[읽기자료]

예일대학교 폴 블룸 교수는 "I'm against sympathy." 라고 단언한다.
그는 왜 공감에 반대하는 것일까?

블룸 교수는 공감의 대표적인 특성으로 '스포트라이트'를 꼽았다. 강연장에서 청중들을 전체로 보면 공감할 수 없지만, 한 명 한 명에 '스포트라이트'를 비추면 각자의 사연에 공감할 수 있다는 것이다. 하지만, 바로 이 지점에서 그는 공감에 문제가 있다고 지적한다. 스포트라이트는 각 개인에게 초점을 둠으로써 전체를 보지 못하게 하고, 자칫 편파적이 되거나 객관적인 근거를 무시하게 만든다. 한 예로 미국에서 수년 전 10대 백인여성 납치 사건이 벌어졌을 무렵, 아프리카에서는 기아와 전쟁으로 수 만 명의 사람들이 죽어가고 있었지만, 미국인들은 10대 여성 피해자에게만 공감한 나머지, 더 많은 사람들의 비극은 보지 못했다는 것이다.

이어서 그는 공감옹호론자들의 주장을 하나하나 반박해갔다. 먼저, '공감은 완벽하지는 않지만 선을 지향 한다'는 반론에 그는 공감이 폭력충동을 유발하기도 한다고 받아쳤다. 블룸 교수는 그 예로 미국 남부의 흑인 집단에 대한 교수형 사건을 언급했다. 당시 흑인이 백인 여성들을 강간한다는 소문이 돌았는데 피해자인 백인 여성에 깊이 공감한 사람들은 흑인 집단 전체를 가해자로 여겨 잔혹한 행위를 할 수 있었다는 것이다. 이처럼 피해자에 대한 공감은 객관성을 잃게 해 가해자가 속한 집단 전체를 향한 폭력충동을 유도하기 한다. 또한 자신이 속한 집단에 대한 높은 공감이 다른 집단에 대한 폭력으로 이어지는 경우도 있다. 대표적인 예로 블룸교수는 영국의 축구팬을 대상으로 고통 받는 사람의 모습을 보여준 실험을 소개했다. 이 실험에서 참가자들은 고통 받는 사람이 같은 팀의 팬이라고 설명했을 경우에는 그 사람의 고통에 공감하고 안타까워했다. 하지만, 경쟁팀의 팬이라고 설명했을 때에는 오히려 상대방의 고통을 즐겼으며, 공감지수가 높은 사람일수록 상대방의 고통을 즐기는 정도도 높았다. 이는 지역, 학벌 등에 따라 집단을 나누고 소속감을 높이는 것을 중요하게 생각하는 한국의 집단문화에서도 자칫하면 소속집단에 대한 공감이 다른 집단에 대한 폭력으로 이어질 수 있음을 시사하는 것이라 볼 수 있다.

다음으로 '어떤 소중한 관계에서는 그래도 공감이 중요하다'는 주장에 대해 그는 부모-아이, 상담자-내담자와 같은 친밀한 관계에서도 객관성을 상실한 공감은 오히려 도움을 줄 수 없는 관계가 되고 만다고 반박했다. 그는 이어 '공감을 못하는 사람은 나쁜 사람이다'라는 사회적 통념에도 반론을 제기했다. 공감능력이 없는 것은 사이코패쓰만이 아니며 자폐스펙트럼에 속한 사람들도 공감능력이 없지만, 이들이 모두 악한 사람들은 아니라는 것이다. 또한 '공감 없이는 선행을 할 수 없을 것'이라는 반론에 대해서도 그는 우리는 공감하지 않고도 도덕적인 판단을 하고 타인을 도울 수 있다고 반박했다. 시험에서의 커닝과 과학자의 데이터 조작을 비판하고, 차 밖으로 쓰레기를 던지지 않는 것 등은 공감의 대상 없이도 이성적으로 도덕성을 발휘한 예들이다.

그렇다면, 블룸 교수는 모든 공감에 반대하는 것일까? 강연을 마무리하며 그는 이에 대해 'NO'라고 명확히 밝혔다. 그는 관심, 동정, 친절, 사랑으로서의 공감, 즐거움의 원천으로서의 공감은 삶의 활력소이며 매우 중요한 요소라고 정리했다. 그러나 '공감' 하는 것만으로 사람들이 도덕적으로 될 수 있다고 착각해서는 안 되며, 자칫 잘못된 공감은 재앙을 불러올 수 있다고 강조했다. 블룸 교수는 이번 강연을 통해 '공감'을 비판적 시각 없이 무조건적인 '선'으로 받아들이는 사회분위기에 경고의 메시지를 전했다. 그의 메시지처럼, 잘못된 공감이 선행을 추구하는 동기로 사용되거나 옳고 그름을 가려서 행동하는 기준이 될 때 그 결과는 끔찍할 수도 있음을 명심해야 할 것이다.

자료 : 이 글은 재단법인 플라톤 아카데미와 한국심리학회 및 서울대학교 행복연구센터와 공동으로 기획한 「심리학, 인간을 말하다」의 강연 내용을 바탕으로 작성되었습니다.

http://webzine.kpsy.co.kr/2017winter/sub.html?category=19&psyNow=31&UID=242

[읽기자료]

공감의 한계와 과잉각성

우리는 이제 공감적 고통이 생물학적으로 본래적인 것이라고 알고 있다. 우리는 상대방의 고통을 보고 공감적 고통을 느끼고 특히 그의 고통에 자신의 책임이 일부나마 있다면 당연히 죄책감을 갖게 되고 뭔가 수습할 생각을 하게 된다. 공감적 고통, 죄책감, 수습하려는 욕구는 그 자체로 자연도태에 의해 한계가 정해진다. 공감적 표현에는 최소 촉발점과 아울러 최대 한계도 있다. 다른 사람의 고통을 보고 공감적 고통이 일어나지 않는 상황도 무수히 많다. 고통을 당하는 사람이 혐오스러운 집단의 일원이나 낯선 사람이거나 그들의 고통이 시간이나 공간적으로 실감나지 않는 경우 공감적 고통은 촉발되지 않는다. 그런가 하면 공감적 과잉각성(empathic over-arousal)의 경우도 있다. 마틴 호프먼은 이를 이렇게 정의한다.

"공감적 과잉각성은 관찰자의 공감적 고통이 너무 심하고 참을 수 없을 정도여서 그것이 강렬한 고통으로 변형될 때 일어나는 무의식적인 과정이다. 그 정도가 되면 관찰자는 오히려 공감적 분위기에서 완전히 빠져나가게 된다."

남을 돌봐주는 사람들, 특히 의사나 간호사들은 흔히 말하는 '동정 피로증(compassion fatigue)'에 걸리기 쉽다. 사회복지사도 그렇고 전쟁터나 재해 현장에서 비상구조

대원으로 근무하는 사람들도 이런 증세에 취약하다. 끊임없는 공감 과잉은 정서적 고 갈을 가져와서 공감적 반응은 무뎌지며 정서는 메말라 간다. 실제로 모든 사람이 매 순간 공감적 고통과 이타적 행동을 경험해야 한다면, 정작 자신의 정서적, 인지적, 신 체적 행복에는 신경 쓸 겨를이 없을 것이다. 그래서 우리의 생리적 구조는 공감 각성 에 최소의 발단과 최대의 한계를 설정해 놓고 있다.

자료 : 제레미 리프킨(2010). 공감의 시대. 서울: 민음사.

□ **토론**

개인의 경험을 떠올려 봅시다.

1. 우리의 감정을 불편하게 했던 사례?

2. 우리의 감정을 행복하게 했던 사례?

□ **Concept : 공감의 균형이 필요하다.**

공감은 우리의 신체성을 넘어 거대한 타자와 함께한다는 목표를 지향하는 구조적 방법을 통해 마음과 느낌과 감정과 이성을 하나로 묶어 준다. 공감의 순간은 거리낌 없는 참여도 필요하지만 어느 정도 거리감도 필요하다. 다른 사람들의 느낌에 완전히 빠져 그 느낌에 압도된다면 자아의식을 잃기 때문에 그들의 느낌을 우리의 느낌으로 상상할 수 없다. 공 감은 미묘한 균형 감각을 필요로 하는 행위이다. 마음의 문을 열고 다른 사람의 곤경을 자 신의 일처럼 체험해야 하지만 자신을 고유한 독립적 존재로 만들어주는 자아의 능력까지 버려서는 안 된다. 공감에는 너와 나를 연결하는 소통의 통로가 있어야 한다. 그래야 두 존 재의 정체성을 합치고 공통의 정신적 공간을 확보할 수 있다. 공감은 감정적이면서도 인 지적인 체험이다(제레미 리프킨, 2010).

2. 쌤통심리를 통해 본 인간이해

□ '남의 불행이 곧 나의 행복'에 감춰진 심리는 무엇인가?

인간의 감정이 가진 어둠을 어떻게 보아야 할 것인가?

이러한 감정을 느꼈던 사례를 찾아보고 원인을 파악해 보자.

개인의 경험을 떠올려 봅시다.

□ Concept : 쌤통 심리의 이해

독일어인 샤덴프로이데(Schadenfreude)는 남이 피해를 입는 것을 보고 즐거움을 느끼는 감정을 의미한다. 리처드 스미스 켄터키 대학교 심리학 교수는 남의 불행이 곧 나의 행복이라는 쌤통 심리에 대해 분석하였다. 그는 남의 불행으로부터 이득을 얻을 때 쌤통 심리가 일어난다면 자신의 이익을 챙기려는 우리의 자연스러운 성향 때문에 그 통쾌함은 더욱 커질 것이라고 판단한다. 쌤통심리가 부끄러운 감정일수도 있지만 남의 불행이 자업자득일 경우 당당하게 통쾌함을 느낄 수 있다고 보았다. 인간들이 남의 고통에 공감하는 능력이 부족하다는 것을 확인하기 위해 쌤통심리를 증명하는 것이 아니라 진화론적으로 인간의 본성은 적대적 반응보다는 동정적 반응 쪽으로 더 기울어져 있다고 주장한다. 복수의 심리보다 용서의 본능이 더 강하게 작용하는 것이 바로 인간의 긍정적 측면이라는 것이다. 이를 근거로 그는 남의 불행이 우리에게 이런저런 이득을 가져다주기 때문에 쌤통심리가 발생한다고 보았다. 경쟁 상황에서 자기 이익부터 챙기고 열등감보다는 우월함을 훨씬 더 좋아하는 우리 인간은 쌤통심리라는 감정을 버릴 수 없는 것이다. 그렇다면 이제 우리에게 남은 것은 이토록 만연해 있는 쌤통심리의 본질을 직시하고 어떻게 하면 이러한 본성을 선한 영역으로 인도할 것인가를 고민해야 한다(리처드 스미스, 2015).

□ 질문: 착한 사람은 꼴찌로 살 수 밖에 없는가?

[읽기자료]

'기브 앤 테이크(Give and take)'는 와튼 스쿨 최연소 종신교수인 애덤 그랜트(Adam M. Grant)의 개념이자 저서이다. 그는 역설적으로 먼저 베푸는 사람이 성공한다고 주장한다. 저자는 충분히 베풀면서도 생산성을 유지하는 사람들의 비결을 밝혀내면서 양보와 배려는 어떻게 성과로 이어지는가를 추적하고 있다. 통념에 따르면 탁월한 성공을 거둔 사람에게는 세 가지 공통점이 있다. 그것은 타고난 재능과 피나는 노력, 결정적인 타이밍이다. 그러나 이 책은 착한 사람은 꼴찌로 살 수밖에 없다는 통념을 깨고 재능, 노력, 운 뒤에 숨은 성공의 동력은 '기버(giver)'가 되는 것이라고 강조한다.

즉 주는 것보다 더 많은 이익을 챙기려는 '테이커(taker)'보다, 받는 만큼 주는 매처(matcher)보다, '자신의 이익보다 다른 사람을 먼저 생각하는 기버'가 더 성공할 가능성이 높다는 것을 수많은 사례를 찾아서 논증적으로 보여준다. 예컨대 오스트레일리아에서 60대 중반 성인 2000명 이상을 대상으로 조사한 결과, 연간 봉사시간이 100~800시간인 사람이 100시간보다 적거나 800시간보다 많은 사람보다 더 큰 행복을 느끼고 삶의 만족도도 컸다. 1998년 미국에서 조사한 결과에서도 최소 100시간 이상 봉사활동을 한 성인이 2000년에도 살아 있는 비율이 더 높았다. 비즈니스 세계에서 기버는 상대적으로 드문 부류에 속한다. 그들은 상호관계에서 무게의 추를 상대방 쪽에 두고 자기가 받은 것보다 더 많이 주기를 좋아한다. 기버는 자신이 들이는 노력이나 비용보다 타인의 이익이 더 클 때 남을 돕는다. 심지어 노력이나 비용을 아까워하지 않고 아무런 대가도 바라지 않은 채 남을 돕는다. 시간, 노력, 지식, 기술, 아이디어, 인간관계를 총동원해 누군가를 돕고자 애쓰는 사람이 같은 사무실 안에 있다면, 그가 바로 기버다. 그런데 놀라운 것은 이들의 이타적인 행동은 폭포처럼 널리 퍼진다는 점이다.

자료 : 아담 그랜트(2013). 기브앤테이크. 서울: 생각연구소.

3. 호감형 인간과 매력자본

□ Concept : 솔직히 모두가 인기 있는 사람이 되길 원한다.

인간은 기본적으로 상대의 반응에 대해 민감하다. 솔직히 모든 사람들은 인기있고 호감가는 존재가 되기를 갈망한다. 미치 프린스틴(Mitch Prinstein, 2018) 교수는 혼자가 편한 사람이든 어디서나 주목을 받아야 직성이 풀리는 사람이든 인기와 호감을 향한 갈망에서 완전히 자유로울 수 없다고 하였다. 우리가 이토록 공감의 중요성을 강조하는 이유 중에는 타인과의 관계 속에서 의미 있는 사람으로 각인되기 위한 심리적 동기가 작동한다. 더 많은 사람들이 나를 좋아해주고, 인정하며, 관심을 가져주는 존재가 되기 위한 인간의 '인기' 추구 노력 속에서 공감과의 관련성을 살펴 볼 필요가 있다.

□ 토론

인간의 자기과시 욕망과 관종 현상을 어떻게 평가해야 할까?

□ Concept : 매력자본(erotic capital)과 인간의 사회적 성공

영국 런던 정경대학교 교수 캐서린 하킴(Catherine Hakim)은 인간의 사회적 관계에서 무기가 될 수 있는 6가지 요소를 '매력 자본(erotic capital)'이라고 명명하였다. 개인이 가진 매력이 사회적인 지위 획득과 경제적 안정을 가능하게 만드는 중요한 능력 중 하나라는 것이다. 매력 자본을 경제 자본, 문화 자본, 사회 자본과 더불어 제4의 자본이라고 주장하면서 매력 자본의 하위 요인으로 외모, 성적 매력, 사회적 표현력, 활력, 사회적 기술, 성적 특성(sexuality) 등 6가지를 제시했다.

□ **토론**

1. 한국사회에서 매력자본의 영향력 수준과 긍정적 · 부정적 측면은?

2. 공감의 관점으로 본 매력자본의 관리?

4. 나의 공감지수 진단과 해석

공감지수 테스트

http://sciencebooks.minumsa.com/eq-test/

아래의 진술을 주의 깊게 읽고 그 진술에 얼마나 동의하는지 고르시오.

① 매우 동의한다	② 약간 동의한다
③ 약간 동의하지 않는다	④ 전혀 동의하지 않는다

1. 나는 누군가 대화에 참여하고 싶어 하는 것을 쉽게 알아챌 수 있다.

2. 나는 사람보다 동물이 더 좋다.

3. 나는 유행을 따르려고 한다.

4. 나는 내가 쉽게 이해하는 것을 다른 사람이 이해하지 못할 때 그에게 설명하지 못한다.

5. 나는 거의 매일 밤 꿈을 꾼다.

6. 나는 다른 사람을 돌보는 것을 정말 좋아한다.

7. 나는 내 문제를 다른 사람과 의논하기보다는 스스로 해결하려고 애쓴다.

8. 나는 사람들과 어울릴 때 무엇을 어떻게 해야 할지 잘 모르겠다.

9. 나는 아침에 깼을 때 기분이 가장 상쾌하다.

10. 사람들은 내가 자기주장이 너무 지나치다고 종종 이야기한다.

11. 나는 친구와 만날 때 약속 시간을 못 맞춰도 크게 걱정하지 않는다.

12. 나는 친구 관계나 대인 관계가 너무 어려워서 그런 문제에 신경 쓰지 않으려고 한다.

13. 나는 어떤 사소한 일이라도 절대로 법을 어기지 않을 것이다.

14. 나는 어떤 행동이 무례한지, 공손한지를 판단하기 힘들 때가 많다.

15. 나는 대화할 때 상대방이 어떤 생각을 하는지에 주의하기보다는 내 생각에 집중한다.

16. 나는 말로 하는 우스개보다 짓궂은 장난을 더 좋아한다.

17. 나는 미래보다 현재를 위해 산다.

18. 나는 어렸을 때, 벌레를 자르면 어떻게 될지 궁금해서 벌레를 자르면서 놀곤 했다.

19. 나는 다른 사람이 한 말의 숨은 뜻을 쉽게 알아차릴 수 있다.

20. 나는 도덕성에 대해 매우 확고한 견해를 가지고 있다.

21. 나는 어떤 일이 사람들을 화나게 하는지 이해하기 힘들다.

22. 나는 다른 사람의 입장에서 보는 것이 별로 어렵지 않다.

23. 나는 부모가 아이에게 가르칠 수 있는 가장 중요한 일은 좋은 예절이라고 생각한다.

24. 나는 일시적인 기분으로 일하곤 한다.

25. 나는 다른 사람이 어떻게 느끼는지 잘 알 수 있다.

26. 나는 여럿이 함께 있을 때 어떤 사람이 어색해하거나 불편해하는 것을 잘 알 수 있다.

27. 나는 내 말을 듣고 상대가 화를 내면 내 문제가 아니라 그 쪽 문제라고 생각한다.

28. 나는 누가 자기 머리 모양이 어떤지 물으면 그 사람이 싫어하더라도 사실대로 답한다.

29. 나는 사람들이 왜 비판을 공격하는 것으로 받아들이는지 잘 이해가 안 된다.

30. 사람들은 내가 상당히 예측하기 힘든 사람이라고 이야기한다.

31. 나는 어떤 모임에서든 주목받는 것을 즐긴다.

32. 나는 사람들이 우는 것을 봐도 별로 신경 쓰이지 않는다.

33. 나는 정치에 대해 토론하는 것을 즐긴다.

34. 나는 상당히 무뚝뚝해서 의도한 것은 아니지만, 다른 이들은 나를 건방지다고 생각한다.

35. 나는 여러 사람들과 같이 어울리는 상황이 당황스럽지 않다.

36. 사람들은 내가 다른 사람이 어떻게 느끼고 무엇을 생각하는지 잘 이해한다고 말한다.

37. 나는 사람들과 이야기할 때 내 경험보다는 그 사람의 경험에 대해 이야기하는 편이다.

38. 나는 동물이 고통 받는 것을 보기가 괴롭다.

39. 나는 다른 사람의 기분에 영향 받지 않고 결정을 내릴 수 있다.

40. 나는 그 날 계획한 일을 다 해야만 쉴 수 있다.

41. 나는 상대방이 나를 재미있어 하는지 지루해 하는지 쉽게 알 수 있다.

42. 나는 뉴스 프로그램에서 사람들이 고통 받는 것을 보면 마음이 아프다.

43. 친구들은 내가 자기 문제를 잘 이해한다고 자신의 이야기를 나에게 자주 한다.

44. 다른 사람이 말을 해주지 않더라도 내가 남의 일에 지나치게 간섭하는지 느낄 수 있다.

45. 곧잘 새로운 취미 활동을 시작하지만, 쉽게 싫증을 내고 다른 취미로 바꾼다.

46. 사람들은 내가 종종 지나치다 싶을 정도로 다른 사람을 놀린다고 말한다.

47. 나는 너무 예민해서 롤러코스터 같은 놀이기구를 탈 수 없다.

48. 사람들은 내가 너무 둔감하다고 하지만 사람들이 왜 그렇게 말하는지 잘 모르겠다.

49. 어떤 집단에 새 사람이 오면 그 집단에 어울리도록 노력해야 하는 건 그 사람이다.

50. 나는 영화를 볼 때 대개의 경우 감정적으로 빠져 들지 않는다.

51. 나는 일상생활이 아주 잘 조직되어 있는 것을 좋아해서, 일 할 목록을 적어 두곤 한다.

52. 나는 다른 사람이 어떻게 느끼는지를 재빨리 직관적으로 알 수 있다.

53. 나는 위험을 무릅쓰는 일을 하고 싶지 않다.

54. 나는 다른 사람이 어떤 말을 하고 싶어 하는지 쉽게 알아챌 수 있다.

55. 나는 다른 사람이 감정을 숨기고 있는지 쉽게 알아낸다.

56. 나는 무엇을 결정하기 전에 항상 장단점을 따져 본다.

57. 나는 의식적으로 노력하지 않아도 사회적 상황의 규칙을 자연스럽게 이해한다.

58. 나는 다른 사람이 무엇을 할 것인지 잘 예측할 수 있다.

59. 나는 친구의 문제에 감정적으로 관여하게 된다.

60. 나는 다른 사람의 관점에 동의하지는 않더라도 그런 관점이 있다는 것을 인정한다.

자료 : 사이먼 배런코언(2013). 공감제로. 서울: 사이언스북스.

점수 매기는 방법

* 다음 문항들에서 "① 매우 동의한다"라고 대답했으면 2점,
                "② 약간 동의한다"라고 답했으면 1점을 준다.

   1,6,19,22,25,26,35,36,37,38,41,42,43,44,52,54,55,57,58,59,60

* 다음 문항들에서 "④ 전혀 동의하지 않는다"라고 대답했으면 2점,
                "③ 약간 동의하지 않는다"라고 답했으면 1점을 준다.

   4,8,10,11,12,14,15,18,21,27,28,29,32,34,39,46,48,49,50

*다음 문항들은 점수를 주지 않는다.

   2,3,5,7,9,13,16,17,20,23,24,30,31,33,40,45,47,51,53,56

* 각 점수를 더하면 당신의 공감지수가 된다.

공감 지수 점수 해석

* 0~32 : 낮다
* 33~52 : 평균 (대부분의 여성은 47점 정도, 남성은 42점 정도이다)
* 53~63 : 평균 이상
* 64~80 : 매우 높다
* 80   : 최고점

※ 공감은 각각의 사람에 따라 서로 다른 상황의 조합에 따라 낮은 수준에서 높은 수준까지 다양하게 나타난다.

2부

디지털 시대의 자격, 갈등관리와 소통전략

1. 나의 관점과 당신의 관점, 어떻게 공존할 수 있을까?

[읽기자료]

"같은 경험, 다른 관점"

자료 : 영화 웰컴 투 동막골 중 한 장면

영화 '웰컴투 동막골'에서 수류탄이 폭발하면서 팝콘이 만들어지는 장면을 가장 인상적으로 생각하는 사람들이 많다. 그 장면이 만들어질 때의 상황을 보면 북한군과 국군이 서로 무기를 겨누면서 대치하고 있던 중 졸고 있던 군인 한명이 손에 들었던 수류탄을 땅에 떨어뜨리게 된다. 위험을 감지한 국군 장교 한 사람이 사람들을 보호하기 위해 몸을 던져 막으려 한다. 이 상황에서 군인들과 마을주민들의 반응은 그야말로 각양각색이다. 수류탄의 위험을 잘 아는 군인들과 처음 경험한 순진무구한 마을 주민들은 자신들이 느끼고 본 대로 행동하는 것이다.

자료 : 최환규 · 김성희(2014). 갈등타파 매뉴얼. 서울: 매경출판.

□ **Concept**

■ 프레임(frame) : 우리에게 주어진 상황의 한계를 기반으로 세상을 바라보고 해석하는 주관적 방식, 흔히 관점 또는 인식틀이라고 하며, 세계관, 경험, 그 상황과의 관련성 등으로 구성된다.

■ 상황을 바라보는 각 주체의 인식틀에 차이가 있으므로 여기에는 편향이 존재한다.

■ 갈등 상황에서는 사람마다 자신의 주관적 프레임을 앞세우기 때문에 상대방의 프레임을 이해하기 위해 노력해야 한다.

□ **사례**

아침 등교하는 길에 강의실 앞에서 전공 교수 'W'를 만난 'A학생'과 'B학생'은 반갑게 인사를 했다. 그러나 'W 교수'는 무슨 일인지 힐끗 보기만하고 냉담하게 지나쳐버렸다. 교수의 행동에 당황한 학생들은 머릿속이 복잡해졌다.

- A학생 : 어....교수님이 왜 나를 보고도 무시하시지? 내가 제출한 레포트가 엉망인가? 다시 제출해야 하나?

- B학생 : 교수님이 왜 인사를 안 받으시지? 못 보셨나? 뭔가 교수님께 급한 일이 있으

신가?

■ 두 학생의 생각이 다른 이유는 무엇인가?

■ A학생과 B학생의 관점의 차이는 행동에 어떤 차이를 보일까?

□ 토론을 위한 팁

■ A학생은 자신의 인사에 반응하지 않은 교수의 행동을 이해하기보다는 자신이 했던 행동과 연관시켜 감정적으로 섭섭해 하고 서운해 하는 반면, B학생은 자신의 인사에 반응을 보이지 않는 교수의 행동에 대해 객관적이고 이성적으로 이해하려고 노력

■ 상대의 행동에 대해 오해나 추측을 경계할 것

■ 상대에 대해 갖고 있는 고정관념을 버릴 것

■ 상대의 행동에 대한 나의 반응이 감정적이 아닌 이성적일 것

2. 역지사지는 쉽게 이뤄지지 않는다.

[읽기자료]

역지사지처럼 어려운 것은 없다!

우리는 살아가면서 자신과 맞지 않는다고 생각되거나 잘 이해할 수 없는 사람들을 종종 만나게 된다. 오래 볼 사이가 아니라 면 그냥 피하고 말 수도 있지만, 그 상대가 나의 부모님이거나 혹은 매일 직장에서 만나야 하는 동료, 상사일 경우에는 이야기가 달라진다. 매번 피할 수도 없는 일이고 그렇다고 싫은 감정을 있는 그대로 드러내다간 서로 갈등의 골만 깊어진다. 이러한 관계의 불편함을 조금이나마 해소 하기 위해 우리는 상대방을 이해하려는 노력을 지속적으로 하게 된다. 그것은 바로 서로간의 입장을 바꿔서 생각해 보는 것. 저 사람이 나에게 왜 저런 행동을 하는지에 대해 상대편의 입장에서 상황을 다시 생각해 보는 것이다. 하지만 우리는 종종 이런 결론이 나오기 쉽다.

"내가 그 사람이라면 난 그렇게 하지 않았을 거야. 아무리 입장 바꿔 생각해봐도 이해할 수 없어. 나라면 안 그래."

이것은 '역지사지'가 제대로 이루어지지 않았기 때문이다. 역지사지란, 상대방과 처지를 바꾸어 생각해보고 이해하라는 뜻이다. 단순히 그 사람의 역할에 나를 대입하는 것이 아니라 상대방을 이루는 외적, 내적인 요소들을 함께 고려하면서 아예 그 사람이 되어 생각해봐야 하는 것이다. 사실 부모나 상사의 입장을 이해한다는 것은 연배 등의 차이로 인해 전혀 경험이 없는 경우가 대부분이므로 웬만한 노력 없이는 역지사지를 하기 힘들다. 이렇듯 상대편과 처지를 바꾸어 생각하는 일은 매우 어려운 일이다. 부모와 자식 혹은 연인 관계와 같이 서로 좋아하는 마음이 있으면 상호이해의 폭이 커질 수 있다. 그러나 상사와 부하직원은 일로 만나서 일방적으로 지시를 하고 받는 관계이다 보니 이해의 폭이 좁을 수밖에 없다. 역지사지의 기본은 내가 상대방이 되는 것이다. 나와 갈등을 빚는 상대의 내면을 이해하고 그 마음이 되어 생각하다보면 내 마음과 절충하여 찾을 수 있는 해결안이 분명히 존재한다.

자료 : JOB & RECRUITING. 스탭스 칼럼(2012년 1월16일)

□ Concept

■ 역지사지(易地思之) : 처지를 바꾸어 생각해 본다.

■ 나라면 어떻게 할까를 먼저 생각하는 것은 역지사지가 아니며, 한 번도 그 사람으로

살아보지 않은 자신의 입장에서 이야기할 일이 아니다.

■ 인간관계에서의 역지사지

- 상대방이 어떤 사람인가에 대해 많이 알려고 하는 노력이 필요.

↓

- 그 사람이 왜 그렇게 행동하는지에 대해 되도록 많은 이유를 생각해보기

↓

- 상대방을 이해하고 배려하는 마음 가지기

↓

- 동년배나 동일 상황의 대상으로 부터 시작하여 점차 대하기 어려운 사람을 이해 하려고 노력하는 단계적 훈련을 해야 할 것임.

□ **사례**

■ **상황을 통해 본 역지사지**

〈사례 1〉 회사 상사와 인턴 간의 갈등

상사는 자신과 약속한 시간에 1~2분만 늦어도 전화로 심하게 독촉하고 인턴은 1~2분에 목숨 거는 상사의 행동을 이해할 수 없어 매번 스트레스를 받는 상황

상사 vs 인턴

〈사례 2〉 보수적인 아버지와 귀가가 늦은 딸의 갈등

친구들과 만날 때마다 귀가가 늦은 딸을 이해하지 못하는 아버지와 보수적이고 엄격한 아버지에 대해 불만이 많은 딸의 갈등 상황

아버지 vs 딸

□ 이해를 위한 팁

■ 실제로 다른 사람을 이해하는 일이 얼마나 어려운 일인지, 그리고 그만큼 상대방에 대해 제대로 알려고 노력할 필요가 있다는 것을 깨닫는 것이 가장 중요하다.

■ 사례를 통해 나와 갈등을 빚는 상대의 내면을 이해하고 그 마음이 되어 생각하다보면 내 마음과 절충하여 찾을 수 있는 해결안이 존재할 것이다.

□ **토론**

> 공감의 상상력을 막는 장애물들은 무엇인가?

□ **Concept**

공감이 그토록 좋은 것이라면서 왜 더 많이 공감하지 않는가?

공감이 그토록 좋은 것이라면서 왜 더 많이 공감하지 않는가? 공감할 수 있는 능력을 가로 막는 장애물은 무엇일까? 로만 크로즈나릭(Roman Krznaric)은 그의 저서 '공감하는 능력 (2014)'에서 편견, 권위, 거리, 부인과 같은 근본적인 사회적·정치적 장벽이 공감적 상상의 표출을 가로막는다고 지적한다. 만약 이러한 장벽들을 넘어갈 생각이라면 무엇보다 먼저 그 장벽들이 우리가 다른 사람의 처지에 서는 걸 어떻게 가로막는지 파악해야 한다. 여기서는 공감으로 가는 초기 단계에 가장 큰 감정적 장애물인 '분노'와 크로즈나릭의 장애물 중 하나인 '편견'에 대해 주목한다.

1. 왜 우리는 분노할까? 분노의 본질과 관리

[읽기자료]

분노를 다스리는 것

"우리는 화낼 일이 많은 세상에 살고 있다. 즉 분노를 다스리는 법을 배우지 않으면 분노할 일이 끊이지 않는다. 화를 낸다는 것은 귀중한 시간을 낭비하는 것이다."

- 세네카

사회생활과 인간관계에서 갈등이 폭발하게 되는 경우는 화가 나거나 분노를 조절할 수 없을 때이다. 이러한 부정적 감정을 느낄 때 상대는 '적'으로 보이고 이성적 판단력을 마비시켜버린다.

〈분노 조절 장애 테스트〉

1. 하는 일이 잘 풀리지 않으면 쉽게 포기하고 좌절감을 느낀다.

2. 성격이 급해서 금방 흥분하는 편이다.

3. 타인의 잘못을 그냥 넘기지 못하고 꼭 마찰을 일으킨다.

4. 내가 한 일이 잘한 일이라면 반드시 인정받아야 하고, 인정받지 못하면 화가 난다.

5. 다른 사람들이 나를 무시하는 것 같고 억울하다는 생각을 자주 한다.

6. 화가 나면 주변 물건을 집어 던진다.

7. 중요한 일을 앞두고 화가 나서 그 일을 망친 적이 있다.

8. 내 잘못도 다른 사람 탓으로 돌리며 화를 낸다.

9. 분이 쉽게 풀리지 않아 우는 경우도 종종 있다.

10. 게임을 할 때 본인의 의도대로 되지 않으면 쉽게 화가 난다.

11. 화가 나면 상대방에게 거친 말과 함께 폭력을 행사하기도 한다.

12. 분노의 감정을 어떻게 해야 할지 몰라 쩔쩔 맨다.

〈결과〉

1-3개이면 분노조절 능력이 가능한 단계

4-8개이면 분노조절 능력이 조금 부족한 단계

9개 이상이면 분노조절이 어려우므로 전문가와의 상담이 필요한 단계

□ **Concept**

- 공감과 분노 : 분노는 공감을 약화시키는 것과 관련된 가장 일반적인 원인이며, 이 감정에 따라 상호간의 이해 폭이 확실히 달라진다.

- 분노의 결과 : 인간관계를 악화시키고, 주체의 판단력을 흐리게 하며, 목표 달성을 어렵게 만든다.

- 분노의 이유 : 자기가 기대했던 것이 충족되지 못했을 때 발생, 분노의 목적은 잃어버린 '자존감'을 회복하는 행위이다.

□ 토론

■ 사례 "어떻게 나한테 이럴 수 있어?"

프로젝트를 준비하는 A사원과 B사원은 서로 마주보고 앉아서 일한다. A사원은 생각이 잘 안 풀릴 때마다 일어나서 서성거리고, B사원은 이 행동이 집중을 방해해서 견딜 수 없어 결국 화를 내고 말았다.

"제발 잠시라도 조용히 앉아서 가만히 좀 있어 줄래. 도대체 집중을 할 수 없어!"

"나한테 그렇게 말할 자격이 있니? 나도 네가 볼펜 돌리는 소리 때문에 거슬려서 일을 못하겠어"

- 분노의 표출이 상대방과의 관계에 어떤 영향을 미쳤는가?

- 분노를 표출한 이들의 행동에 숨겨진 욕구는 무엇인가?

□ 분노조절을 위한 실천팁

■ 현명한 분노 조절법 BBQ-TLC

- 분노폭발 역시 정신적 폭력이므로 "나는 화를 조절해서 표현할 줄 아는 사람이다"라고 **자기격려**를 함.
- 상대방이 표출한 '분노' 아래 **숨겨진 '욕구(needs)'**를 파악하기 위해 집중해야 함.

- '**멈춤**' 능력을 강화하며, 분노폭발은 자극에 대해 30초 안에 이루어지므로 멈춤의 방법 중 하나는 타임아웃

- **BBQ 기법** "Better Be Quiet" 더욱 더 침착해라, 최소한 10을 셀 때 까지 참을것

- **TLC 기법** '갈등 유발자'를 벗어나 '문제 해결자'가 되어 자신이 정말로 원하는 것이 무엇인지 떠올려봄.

  ① True in : 문제에 관한 각자의 입장을 말하게 하고 쌍방 모두가 느끼는 감정에 초점을 맞추기

  ② Listen : 각자 상대방이 문제에 관해 말하는 것을 경청하고 상대방이 하는 말을 되풀이하여 상대방이 말하는 바가 무엇인지 확인

  ③ Choose a solution : 모두 승자처럼 느끼게 만드는 해결방안을 선택

자료 : 박수선(2002). 평화를 만드는 여성회 갈등해결센터.

2. 우리 안에 숨겨진 편견, 폭력과 차별의 씨앗

[읽기자료]

당신의 편견은 무엇입니까
- What's your prejudices? -

막내는 의존적이다.

충청도 사람들은 느리다.

채식주의자들은 까탈스럽다.

정치인들은 거짓말을 잘한다.

탈북자들은 사회에 적응을 못한다. 등등등

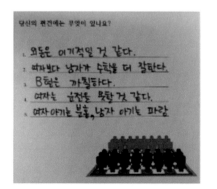

과연 모두가 그럴까? 우리는 가족과 직장 내에서 더 나아가 사회 안에서 수많은 역할과 상황에 놓여 있다. 그리고 때로는 스스로 원하지 않는데도 불구하고 사회가 만들어 놓은 사회적 편견 안에서 존재 자체에 대한 인정보다는 그저 불합리한 대우와 갈등상황들을 겪을 때가 있다.

선입관과 고정관념은 동서고금(東西古今)을 막론하고, 어느 시대, 어느 사회나 존재하는 것이다. 어떻게 보면 인류의 등장과 함께 시작되었다고 볼 수 있다. 오랜 세월, 경험에서 축적된 선입관과 고정관념은 그 자체로 문제가 되지는 않는다.

문제는 바로 편견!

선입관과 고정관념이 합리화되어 고착되면, '사회적 편견'으로 표출될 수 있다.

예를 들어 보자. '충청도 사람들은 느리다'는 고정관념이다.

그런데, '충청도 사람들은 느리니까, 이번 인사(人事)에서 제외해야 해' 라고 한다면?

일반적인 고정관념이 구체적인 대상의 현실에 반영된다면?

이렇듯 잘못된 편견이 행동으로 나타나는 것이 바로 '차별'과 '폭력'이다.

'사회적 편견'은 바로, 고정관념이 심화된 개념이라고 볼 수 있다.

'사회적 편견'은 때로는 사회문제를 나아가 사회갈등과 불행을 낳기도 한다. 인종차별, 남녀차별, 지역갈등, 종교갈등 등 집단적인 폭력으로 나타난 현상들을 우리는 이제 쉽게 접할 수 있다.

'편견', 어떻게 줄일 수 있을까?

많은 전문가들은 대부분의 편견이 불충분하고 부정확한 근거에 기초, 한정된 경험, 감정적 태도에 기인하는 경우가 많기 때문에, **'새로운 경험'의 기회를 갖는 것**이 무엇보다 중요하다고 강조하고 있다.

자료 : 희망제작소(2013년 11월13일)

□ **Concept**

■ 선입관, 고정관념, 편견! 어떻게 다를까?

- 선입관(preconception) : 어떤 특정 대상에 대하여 실제 체험에 앞서 갖는 주관적 가치판단

- 고정관념(stereotype) : 한 문화나 사회에서 어떤 사람이나 사물에 대하여 널리 퍼져있는 지식이나 믿음

- 편견(prejudice) : 어떤 사물, 현상에 대하여 그것에 적합하지 않는 의견이나 견해를 가지는 태도, '공정하지 못하고 한 쪽으로 치우친 사고나 견해

□ **Action 당신의 편견을 적어봅시다.**

〈나의 편견 목록 〉

1._____

2._____

3._____

4._____

5._____

6._____

7._____

8._____

9._____

10._____

- ■ 개인 편견 작성이 끝나고 나면 팀 토론으로 가장 많이 나온 공통 편견을 키워드로 정리해 보자. (예 : 직업, 외모, 스펙, 학벌, 성별, 소수자, 지역, 기타 등)
- 작성된 개인 편견 리스트를 소재가 유사한 것끼리 묶어 주제별로 정리할 것

- ■ 공통 편견 키워드가 정리되면 한국사회의 갈등을 유발하는 가장 문제가 되는 키워드를 선정하시오.
  - 큰 주제 키워드로 나눈 후 주제별 해당 편견 정리하고 분석할 것

- ■ 이와 같은 편견을 극복하기 위해 어떻게 해야 하는지 방법을 논의해보자.

□ 토론을 위한 팁

■ 편견을 극복하는 방법은 어느 한 쪽만의 노력으로 해결되는 것이 아니라, 서로가 열린 마음으로 그 숨겨진 배경을 이해하고자 노력할 때 가능하다.

■ 편견을 극복하기 위해 필요한 것들에 대해 하나의 목록을 완성하고 이때, 되도록 현실 가능하며 구체적인 것으로 적을 수 있어야 한다.

1. 나의 관계 속에서 다양한 갈등 이해

□　**Concept**

'갈등'하면 떠오르는 것을 이야기해보라면 가장 많이 나오는 이야기가 '답답함' '고민' '싸움'이다. 그 외에도 '분노' '경쟁' '대립' '폭력' '투쟁' 등 대부분 부정적인 단어들이다. 간혹 선택, 도전, 해결, 대화 등 해결의 실마리를 찾는 것, 또는 희망을 표현하기도 하지만 많은 부분 회피하고 싶은 심정이나 없으면 좋은 것의 표현으로 한 줄기를 이루고 또 한 측면으로는 갈등이 생기면 상대를 이겨야 한다는 생각이다. 갈등은 답답하고 복잡하고 나를 괴롭히는 것이므로 모른 체하고 지나가기를 바라는 마음과 갈등에 맞닥뜨리게 될 경우 어떻게든, 폭력적인 방법으로라도 그 갈등의 상대자 또는 갈등상황 자체를 이겨야 한다는 생각이 주를 이루는 것이다.

갈등의 어원

- 동양 : 葛藤(갈등), 칡(葛)과 등나무(藤)가 서로 복잡하게 뒤얽혀 있는 형상을 상징, 인간 내면의 상충하는 생각으로 인해 고민하는 심리적 상태, 상황

- 서양 : 갈등(conflict), 라틴어 conflictus의 과거분사 형인 comfligere에서 유래된 단어로 com(together) + fligere(to strike) 라는 의미로서 서로 때리거나 부딪치는 상황을 형상화

[읽기자료]

'나'에게서 찾는 구성원 간 갈등의 원인

조직에서는 다양한 사람을 만나게 된다. 다른 부서로의 이동, 조직 구조 개편, TFT 참여 등 자신의 의사와는 상관없이 새로운 사람들과 일할 기회가 생긴다. 또한 새로운 가치 창출을 위한 협업 및 집단 지성/창의성, 분야 간 융복합 등이 강조되면서 조직 내에서 다양한 사람들과 함께 업무를 수행하는 일이 장려되기도 한다. 이러한 상황에서 마음이 맞는 사람과 함께 일하게 된다면 더할 나위 없이 바람직한 일일 것이다. 미국 플로리다 대학교의 로렌 사이먼 교수의 연구에 의하면, 자신과 관계가 좋은 동료와 함께 일하는 경우 업무에 대한 만족도가 증가한다고 한다.

그러나 조직은 또래 집단과 같이 친밀감을 바탕으로 형성되는 1차 집단이 아니다. 조직은 치열한 경쟁 속에서 지속적인 생존과 성장을 위해 가치를 창출하는 목적을 중심으로 형성된다. 이로 인해 조직에 속한 개인으로서는 자기가 싫어하는 사람과 불가피하게 같이 일해야 하는 경우도 생기게 마련이다. 개인적인 이유로 일을 거부하기 어려운 곳이 조직이다. 그러나 같이 일하는 사람이 싫어지게 된다면 그 사람과 갈등을 겪게 되는 것은 물론 업무에 몰입하지 못하게 될 뿐만 아니라 같은 조직에 있다는 사실조차 싫어질 수 있다.

누군가가 싫어지는 경우, 일반적으로 그 원인을 상대방에게서 찾기 마련이다. 특정한 행동이나 언행이 거슬린다든지, 이런저런 태도가 마음에 들지 않는다든지 등 상대방이 싫은 이유를 찾아내는 것은 그리 어려운 일이 아닐 것이다. 하지만 과연 상대방이 모든 문제의 근원일까? '제 눈에 들보는 못 보고 남의 눈에 있는 티끌은 잘 보인다'는

말처럼 그 원인이 자신에게도 있을 수 있다. 이를 스스로 의식하지 못하고 있기 때문에 상대방 탓만 하게 되는 것이다.

상대방을 싫어하게 되는 원인이 자신에게 있는 경우, 구체적으로 어떠한 원인에 의한 것인지 살펴본다.

자신에게 내재되어 있는 갈등의 원인

- 그림자: " 생각하기 싫은 걸 왜 자꾸 떠올리게 하는 거야!"
- 전이: " 저런 사람하고는 예전에도 잘 안 맞았는데…"
- 자기중심성: " 난 도대체 저 사람을 이해할 수가 없어!"
- 사회 정체성: " 저 사람은 '그렇고 그런 사람'이라고 하던데요?"

'싫어한다'는 생각을 바꿔보자 상대방을 싫어하는 원인들은 개인이 성장 과정 혹은 생활 환경 속에서 형성된 일종의 비합리적인 사고 방식에 해당한다. 이러한 원인들을 자기 자신에게서 발견했다면, 이를 개선하여 반복적으로 경험해오던 상대방과의 갈등을 완화시키거나 해소시킬 수도 있다. 때문에 '사고'의 타당성과 효용성을 점검해봄으로써 생 각의 변화를 유도하고 궁극적으로는 행동을 변화시킬 수 있다.

- 타당성: 상대방을 싫어하는 이유가 타당한가?
- 효용성: 상대방을 싫어하는 것이 나에게 어떤 도움이 되는가?

자료 : 전재권(2012), LG Business Insight.

2. 사회속의 갈등 경험과 나의 유형 진단

□ Concept

갈등이 없는 사회는 유토피아? 아님 심심한 사회?, 갈등과 불일치가 모든 사회의 보편적 현상임에 틀림없으나 사회문화적 특징과 역사성, 민족적 기질 등에 따라 사뭇 갈등의 해결방식과 결과는 다르다. 특히 새로운 욕구와 변화가 일상화되는 시대에는 과거에 비해 갈등의 주제와 양상이 매우 다변화되었고 여성, 환경, 자치, 생명, 평화, 분권, 소수자, 집단 정체성, 문화 등의 새로운 이슈들이 하루가 다르게 증가하고 있다. 갈등은 역기능과 순기능을 동시에 갖고 있다. 갈등이 경직되고 지나치게 폭력적이면 역기능이 심화되지만 사회 또는 개인의 발전과 유연성과 통합을 확대하는 데 기여하는 갈등은 명백히 사회발전의 원동력이다.

[읽기자료]

갈등의 5대 기본유형

갈등의 원인에 대한 견해는 갈등에 대한 정의만큼 접근 방법에 따라 다양하다고 할 수 있다. 가치와 목표의 차이를 갈등의 원인으로 보는가 하면 제한된 자원에 대한 경쟁, 관계상의 오해, 인식의 차이, 의사소통의 문제, 상대적 박탈감 등 아마도 갈등의 수만큼 갈등의 원인이 존재할 것이다. 갈등의 원인을 유형화해보고 그 유형을 이해하는 것은 어떻게 해결할 것인가의 분석적 기준을 준다. 크리스토퍼 무어(Christopher Moor)는 갈등의 유형을 5가지로 범주화했는데, 그 내용으로는 이해관계 갈등, 사실관계 갈등, 가치관 갈등, 구조적 갈등, 인간관계 갈등이다.

■ 이해관계 갈등은 한정된 자원이나 권력을 분배하는 과정에서 빚어지는 갈등인데, 주로 이해관계를 분배하는 과정이나 절차에 대한 입장의 차이로 비롯된다.

■ 사실관계 갈등은 하나의 사건이나 자료, 언행 등에 대해 서로 다르게 해석함으로써 생기는 갈등이다.

■ 가치관 갈등은 신앙, 신념 또는 문화의 차이에서 비롯된 것으로 가치관은 고정관

념, 편견화 되면서 더 양립할 수 없는 것으로 인식되게 만드는 경향이 있다.

■ 인간관계 갈등은 서로간의 불신이나 오해로 인해 상호관계가 벌어지는 갈등으로 의사소통이 잘 이루어지지 않음으로 해서 오기도 하고, 분노, 증오, 서운한 감정 등 쌓인 서로에 대한 부정적 감정과 불신으로 나타나기도 한다.

■ 구조적 갈등은 사회의 구조적인 요인, 즉 잘못된 제도, 관행, 모순으로 인해 발생되는 갈등이다. 차별, 억압적인 구조는 갈등을 필연적으로 수반한다.

이렇게 5가지 갈등의 유형을 살펴보았는데 하나의 갈등현상은 일반적으로 여러 갈등 유형이 중첩되어 있는 복합적 성격을 띠고 있다. 특히 인간관계 갈등은 거의 다른 갈등과 복합적으로 나타나는데, 흔히 사람들이 갈등을 대할 때 문제 자체를 대하기보다는 사람의 문제로 이해하는 경향이 강하고, 갈등을 협동적으로 풀어나가기보다는 대립 경쟁적으로 대하기 때문에 관계에 더 금이 가게 되는 것이다. 하나의 갈등현상이 갖고 있는 여러 유형을 개별적, 종합적 차원에서 바르게 이해한다면 갈등해결 지점을 찾는데 도움을 받을 수 있다.

자료 : 박태순(2010). 갈등해결 길라잡이. 서울: 해피스토리.

*나의 갈등 대응 유형은?

I. 다른 사람과 의견이 다르다는 것을 느끼기 시작하면, 나는 —		절대 그렇지 않다	그렇지 않다	보통	그렇다	항상 그렇다
1	설사 서로 의견이 많이 다르더라도 모든 의견을 동등하게 받아들일 수 있도록 생각을 열어 놓는다.	①	②	③	④	⑤
2	모든 사람을 기쁘게 할 수 없으므로 내 의견이나 입장을 다른 사람들에게 분명히 이해시키려고 노력한다.	①	②	③	④	⑤
3	내 입장을 분명히 하지만, 그 수위를 조금 낮추어 어느 정도 시점에 가서는 해결책을 찾을 수 있도록 한다.	①	②	③	④	⑤
4	토론이나 논쟁에서 잠시 벗어나 상대방과 불편하고 긴장되는 상황으로 발전하는 것을 피한다.	①	②	③	④	⑤
5	내 개인적인 목표보다 다른 사람의 감정에 신경을 더 많이 쓴다.	①	②	③	④	⑤
6	나의 의견이 다른 사람과의 관계에 영향을 주지 않도록 고려한다.	①	②	③	④	⑤
7	나의 의견을 설명하려고 노력하는 만큼 다른 사람의 의견도 이해하려고 노력한다.	①	②	③	④	⑤
8	다른 사람의 느낌이 어떤지 보다는 내가 가장 중요하다고 보는 목적에 우선순위를 둔다.	①	②	③	④	⑤
9	'다름'이나 '차이'가 일을 진행함에 있어 크게 걸림돌이 된다고 생각하지는 않는다.	①	②	③	④	⑤
10	양보할 것은 어느 정도 양보하고, 얻을 수 있는 것은 얻어낸다.	①	②	③	④	⑤

	II. 만약 이견이 지속되거나 감정이 격해지기 시작하면, 나는 ──	절대 그렇지 않다	그렇지 않다	보통	그렇다	항상 그렇다
11	나의 요구뿐만 아니라 상대방의 요구도 받아들여질 수 있도록 더욱 활발하게 토론에 참가한다.	①	②	③	④	⑤
12	상대방의 기분을 고려하기보다는 내가 옳다고 생각하는 것이 다른 사람에게도 옳게 보여 질 수 있도록 최선의 노력을 기울인다.	①	②	③	④	⑤
13	내 주장만을 고집하지 않고 이성적으로 행동하지만, 내가 반드시 찾아야 할 부분은 찾는다.	①	②	③	④	⑤
14	내 의견을 절대로 강요하지 않으며, 상대방의 요구에 조금 뒤로 물러난다.	①	②	③	④	⑤
15	내 주장은 잠시 접어두고 다른 사람과의 관계에 더욱 신경을 쓴다.	①	②	③	④	⑤
16	다른 사람과의 직접적인 접촉을 줄이고, 적당하고 안전한 거리를 유지한다.	①	②	③	④	⑤
17	우선 결정해야 할 상황을 일단 해결해 놓고, 나중에 관계개선을 위해 노력한다.	①	②	③	④	⑤
18	다른 사람의 감정을 풀어주기 위해 필요한 모든 노력을 한다.	①	②	③	④	⑤
19	다른 사람의 요구를 받아들여주는 만큼 나의 요구도 관철되도록 한다.	①	②	③	④	⑤
20	중용과 타협을 이끌어냄으로써 일을 해결하고, 다음 단계로 진행될 수 있도록 한다.	①	②	③	④	⑤

질문에 체크한 답의 번호를 빈칸에 채우세요. 그 후 두 숫자를 합하면 됩니다.

I. 다른 사람과 의견이 다르다는 것을 처음 느끼기 시작했을 때 (차분할 때)				
번호	1:	2:	3:	4:	5:
번호	6:	7:	8:	9:	10:
합					

II. 다른 사람과 갈등이 해결되지 않고, 감정이 점점 격해졌을 때 (고조일 때)				
번호	11:	12:	13:	14:	15:
번호	16:	17:	18:	19:	20:
합					
	( )	( )	( )	( )	( )

- 높은 숫자에서 낮은 숫자 순으로 합산된 점수와 대응방식을 기재하십시오.

I. 차분할 때		II. 고조일 때	
점수	대응방식	점수	대응방식

자료 : Mennonite Concilation Service, Mediation and Facilitation Training Manual: Foundations and Skills for Constructive Conflict Transformation(4th Edition)

3. 갈등 해결을 위한 4가지 전략

1) 사람과 문제를 분리하기

- 주어를 사람이 아닌 문제로 보라.

- 상대방의 행동이 아닌 문제에 초점을 맞추어라.

- 문제와 사람을 분리해서 처리하라.

사람들은 말을 주고받는 사이에 자신도 모르게 사람과 문제를 하나로 보기 쉽다. 상황에 대한 분노는 곧잘 그 상황과 관련된 사람에 대한 분노로 연결된다. 이처럼 사람과 문제를 분리하지 못하고, 뒤섞어서 이야기하면 없었던 갈등도 불거지고, 서로가 무엇을 원하는지 알기 어려워진다. 따라서 입장이 대립된다고 느낄 때 상대를 비난하거나 평가하지 말고, 문제를 주어로 깊이 있게 다루어야 한다. 문제는 강경하게 그러나 사람에게는 부드럽게 대하는 원칙을 지킬 때 심각한 갈등도 해결할 힘이 생긴다.

□ 실습(1) 사람과 문제를 구분할 것

머리를 곱게 만지고 버스를 탔다. 그런데 앞에 선 어떤 사람이 말도 없이 창문을 열어 바람에 머리가 엉망이 되었다. 나는 신경질적으로 창문을 닫았다. 그러자 그 사람은 다시 창문을 열었다. 여러분이라면 어떻게 할 것인가?

- 서로의 생각을 나누어 본다.

- 5가지 대응 유형에 따른 답변

  - 강요 :

  - 회피 :

  - 양보 :

  - 타협 :

  - 협력 :

---

2) 입장(positions)이 아닌 실익(interests)에 초점을 맞추기

■ 상대방의 입장에서 생각하라.

■ 입장 이면에 진심으로 원하는 것, 필요한 것을 찾아라.

■ 서로의 이해 속에서 당사자 간 목표를 조정하라.

사람들은 서로의 입장을 중심으로 대결국면을 보이는 경우가 많다. 그러나 수면에 드러난 '입장'에 초점을 맞추지 않고, 그 입장 아래에 숨겨진 그들의 '실익'과 기본 감정인 '욕구'에 주목한다면 서로의 차이를 극복하는 창조적 대안을 마련할 수 있을 것이다.

□ 실습(2) 오렌지 분쟁

오렌지를 서로 갖겠다는 두 자매가 있었다. 엄마는 오렌지를 반으로 잘라 자매에게 나누어 주었다. 그러나 두 자매는 오렌지를 쓰레기통에 버리고 가버렸다. 왜 그랬을까?

■ 서로의 생각을 나누어 본다.

■ 나올 수 있는 답변들

　예시: 오렌지 하나를 전부 갖고 싶어서, 오렌지를 갖는데 흥미를 잃어서 등

■ 양파기법으로 분석하기

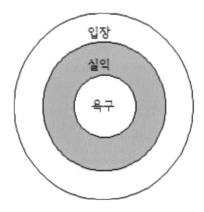

---

3) 상생적인 대안을 개발하기

■ 문제를 바라보는 각도와 틀을 바꾸어 보라.

■ 비판 없이 자유롭게 문제해결 아이디어를 모아라.

흔히 문제를 해결하는데 답은 하나라고 생각한다. 그리고 성급하게 결론을 내리고 싶어한다. 또한 나눌 수 있는 몫이 정해져 있다고 생각한다. 문제를 서로 만족스런 결과를 얻는 방향으로 해결하는 데는 한 가지 대안보다는 다양한 해결책을 내오면 내올수록 선택의 폭이 넓어질 수 있다. 아이디어를 내는 것과 판단을 분리시키면(brainstorming) 더 많은 해결책을 내올 수 있다. 그렇게 창의적인 아이디어들 속에 서로에게 득이 되는 해결책을 나중에 결정하는 것이다. 이것은 문제를 평화적으로 해결하는 것뿐 아니라 다양한 관점을 존중하고 창의적 사고를 키우는데도 도움이 된다.

□ 브레인스토밍의 특징 및 원칙

- 비판하지 않는다.

- 자유롭게 토론한다.

- 가능한 많은 아이디어를 내라.

- 아이디어를 새롭게 창조하라.

□ 브레인스토밍의 유의사항

- 새로운 아이디어를 모으기 위해 많이 사용되는 방법이긴 하지만 주제가 광범위하거나 복잡한 문제일 경우에는 적합하지 않다(예, 우리조직의 1년 활동 평가 등). 단순하고 명료한 문제에만 사용해야 한다.

- 한 번에 해답을 얻을 수 있는 문제가 적합하다.

- 참가자들의 자발성이 논의의 질을 좌우하긴 하지만 리더의 능력에 따라 그 결과가 크게 달라질 수 있음도 유의해야한다.

- 한 그룹의 참여자가 너무 많으면 아이디어를 수용하기 어려우므로 8명 미만으로 하는 것이 좋다. 구성원 중 사회자 역할을 할 리더와 기록원을 선발한다.

□ **실습(3)**

우리가 동물과 환경보호를 위한 NGO단체를 설립했다고 가정하고, 그 기관에 익명의 기부자에 의해 3천 만 원이 기부되었다면 어떻게 사용할까?

■ 브레인스토밍 방식으로 논의해본다.

■ 논의하면서 느낀 점을 공유한다.

■ 브레인스토밍의 특징과 원칙을 공유한다.

4) 객관적인 기준을 정하기

■ 결과보다 과정의 공정함에 더 관심을 가져라.

■ 당사자 스스로 합의할 수 있는 객관적인 기준을 찾아라.

■ 객관적인 기준에 따른 절차와 과정을 만들어라.

사람들은 결과의 '몫'보다도 '과정'의 공정함에 더 많은 관심을 갖고 그것이 객관적으로 납득할 만하지 않거나, 공정하지 않다고 생각될 때 더 많은 분노, 갈등을 갖게 된다. 상생적으로 문제를 해결하는 과정이란 당사자들 스스로의 자발적인 의지, 그것에 근거한 존중하는 의사소통과정이고 그 결과를 스스로 결정하는 것이다. 당사자 스스로 이해하고 납득할 수 있는 '객관적 기준'을 찾고 그에 따른 절차와 과정을 만드는 것이 협력적 문제해결과정이라 할 수 있다.

□ 실습(4)

노약자석 우선권 주기

70대 할아버지, 만삭의 27살 임산부, 3살 꼬마, 22살 다리 다친 군인이 있다.

노약자석 우선순위를 매긴다면? 개인이 먼저 순위를 정하고 토론을 통해 그룹순위를 매겨본다.

■ 다함께 자유롭게 토론해 본다.

■ 토론 후 느낀 점을 나눈다.

■ 객관적인 기준을 정한다는 의미는 무엇인가 설명해보자.

4장 공감확대를 통한 의사소통 전략

1. 공감적 의사소통의 이해

- **긍정적으로 말하기**를 통해 자신의 입장을 충분히 전달한다.

- **효과적으로 듣기**를 통해 상대방이 하려는 말의 의도를 파악한다.

- 서로의 **입장과 감정, 상황을 존중**하는 공감적 의사소통을 해야 한다.

공감적 소통에는 공식이 있다.

공감적 소통은 일종의 언어와 같다. 어떤 사람에게는 공감적 소통이 매우 자연스럽지만 그렇지 않은 사람의 경우에는 간단한 공식만 기억하면 공감을 표현하는 방법의 규칙을 배울 수 있다.

□ Action 따라 하기 쉬운 공감 레시피

- **몸짓언어** : 개방적인 자세(팔짱을 끼거나 다리를 꼬지 않는 것 등)를 취하고 상대방을 마주 보면서 모든 걸 받아들이겠다는 눈빛을 보낸다.

- **공감적 경청** : 경청의 수준은 매우 다양하다. 이 중 공감적 경청은 가장 높은 수준의 경청이다. 단순히 상대가 말하는 단어나 내용을 뛰어넘어 함부로 판단하지 않으면서 그 사람이 실제로 느끼는 기분을 이해하려고 노력하는 능력이다.

- **감정인식** : 감정인식을 잘 하려면 감정 이해력이 필수다. 감정이해력은 의사소통 능력을 향상시키고 다른 사람을 이해하는 데 중요한 요소다.

- **언어반응** : 언어반응은 상대방의 말에 대응해서 하는 말이다. 대화의 중심이 된 상대방은 자신의 존재감을 확인하고 이런 경험은 그 사람과 당신을 더 가까운 사이로 만들어준다.

- **행동반응** : 행동반응은 즉각적인 행동에 뛰어드는 게 아니라 적절한 행동을 보여주는 걸 의미한다.

자료 : 크리스털 림 랭·그레고르 림 랭 저(2020). 박선령 역. 휴먼스킬. 서울:니들북.

[읽기자료]

언어는 공감의 뿌리, 커뮤니케이션이 바꾸는 인간의식

언어의 공감적 뿌리, 언어는 현실에서 공감적 소통을 표현하는 정교한 메커니즘이다. 영장류들이 털 골라 주기에 들이는 시간과 대체로 일치한다. 집단이 확장될수록 털 골라 주기에 들어가는 시간이 30%이상 필요할 정도로 인간의 집단이 커지고 그래서 수렵과 채집, 그리고 그 밖의 생존을 위한 활동에 들어가는 시간을 조절해야 하는 상황에 이르면 다른 방법을 사용했을 것이다.

즉, 확장된 사회의 응집력을 손쉽게 유지하기 위해서는 신체적 털 골라 주기와는 반대되는 것으로서 어떤 형태의 음성적 수단이 필요해진다는 말이다. 사회 진화의 각 단계에서 커뮤니케이션의 일차적 기능은 공감의 확장을 통해 신뢰감, 친밀한 관계, 사회적 결합을 이룩하는 것이었다.

수렵 채집 사회 vs 관개 농업 사회(구두 문화 vs 문자 문화)

커뮤니케이션 제도 역시 인간의 의식을 바꾼다. 구두 문화는 신화적 의식에서 벗어날 수 없지만 경전 문화는 신학적 의식을 낳고 인쇄 문화는 이데올로기적 의식을 수반한다. 구두 문화는 분명 참여적이다. 문자 문화에 익숙한 사람들은 다른 나라에 가서 대화하기 어렵다. 구두 문화에서 개인적인 영역이라는 개념이 거의 없다. 그들에게는 사회적 유대감이 개인의 구분보다 중요하다. 구두 문화의 생활은 공개적이어서 사생활은 별난 것으로 여겨졌기 때문에 공감적 표현을 개발하는 데 필요한 친밀함이란 개념은 사실상 존재할 수 없었다.

하지만 쓰는 행위는 사적인 개념이다. 문장 하나를 만들려 해도 혼자 있는 자리에서 자신만의 생각을 붙들어야 한다. 기록 문화도 초기에는 그랬다. 구두 언어의 어휘는 몇 천 개가 전부인 경우가 대부분이지만 문자언어는 수십만 개의 어휘를 갖는 경우가 대부분이다. 그만큼 문자언어는 느낌이나 마음 상태나 관계 등을 포함하여 현실의 모든 면을 묘사하는 용어를 훨씬 더 광범위하게 제공한다. 문자 언어는 거대한 은유와 용어의 도서관이며 이를 통해 사람들은 자신을 설명하고 다른 사람의 느낌과 생각을 이해할 수 있다.

언어로 감정을 묘사하고 자신의 이야기를 하고 경험을 나누는 능력은 공감적 표현을 배가하고 심화시킨다. 구두 문화에서는 상대방에게 선명한 기억을 남기기 위해 상투적인 표현을 자주 쓴다. 문자 문화에서 자란 아이들은 다른 사람과 이야기를 할 때 천편일률적인 표현을 피해 자신만의 언어를 구사할 수 있는 능력을 갖추게 된다. 커뮤니케이션의 과정이 갈수록 개성화되는 한편 표현은 갈수록 미묘해져서 다른 사람이 얼마나 그만의 방식으로 느끼고 생각하는지 알게 된다.

커뮤니케이션이 개성화되고 표현적이 될수록 공감도 더욱 확장되고 보편화되기 때문에 공감적 감수성의 진화 과정에서 문자 문화의 탄생은 하나의 분수령이 된다.

자료 : 공감의 시대(2010). 제레미 리프킨 저. 이경남 역. 민음사.

■ 한 사무실에서 일하는 동료의 갈등

박대리는 어제 드디어 감정이 폭발하고 말았다. 옆자리에 앉아서 근무하는 팀 동료인 최대리와 크게 싸우고 말았다. 몇 개월 동안 참았던 갈등이 터진 것이다.

박대리 : "최대리, 전화 좀 조용히 할 수 없어요? 일도 아니고 사적인 전화를 왜 그렇게 큰 소리로 받아요? 여기가 최대리 집도 아니면서."

언제나 큰 목소리로 공사 구분없이 떠들어대는 최대리의 모습에 스트레스가 극에 달한 박대리는 불만스럽게 말문을 열었다.

최대리: "아니, 전화하다보면 소리가 좀 클 수도 있지, 뭘 그런 걸 가지고 트집을 잡아요?"

박대리 : "트집이라니요? 내가 한 두 번이면 이러지도 않아요. 하루에도 수십 통씩 그것도 사적인 전화가 대부분이고, 사무실 혼자 쓰는 것도 아니고. 주변 사람 신경 좀 써야죠?"

최대리 : "내가 그럼 주변 사람 신경도 안 쓰는 몰상식한 사람이라는 말이요? 당신이나 잘해. 나는 박대리 옆에 앉아 있으면 매일 머리가 아파요. 무슨 향수를 그렇게 독하게 뿌려요? 나는 뭐 입이 없어서 말 안한 줄 알아요?"

이러한 갈등이 있고 난 후 두 사람은 냉랭한 상황에서 말 한 마디 건네지 않았다. 그러나 최대리로부터 자료를 건네받아 보고서를 작성해야 하는 박대리는 최대리와의 갈등을 해결해야 한다는 생각을 하고 있으나 어찌할 바를 모르고 있다.

어떻게 소통해서 해결할 것인가?

□ Concept

■ 의사소통이란?

의사소통은 어떤 전달할 내용을 주고받는 것으로 종종 우리는 의사소통이 정보를 주거나 말하는 것으로 생각하지만, 의사소통은 나에게서 상대에게로의 정보와 마음의 전이를 의미한다. 좋은 의사소통은 적극적 듣기에 뿌리를 두며, 사람들의 마음을 건드리는 노력이고, 의사소통을 통해 어떤 상황을 깨거나 만드는 것이다. 많은 갈등은 좋지 않은 의사소통의 결과로 오해가 생겨 발생하는 것이다.

意	音+心
	Value(가치) 마음속 것을 음성으로 표현
思	田+心
	Knowledge(지식) 생각하다
疏	1. 불가에서 죽은 사람을 위하여 부처 앞의 명부에 적는 글 2. 임금에게 올리는 글
	Attitude(태도)
通	甬(용)이 붙는 글씨는 속이 빈 것→꿰뚫는 것을 나타냄. 通(통)은 쉽게 빠져 나가는 것
	Method(방법)

□ **토론**

1. 의사소통이 어려웠던 일상의 경험에 대해 공유해 보자.

2. 어떤 원인/상대방/상황으로 어려움을 겪었는지 정리해 보자.

□ 토론을 위한 팁

- ■ 공감은 자아의 사고와 감정, 타인의 사고와 감정 모두를 동시에 자각하는 것이다.

- ■ 공감의 가치와 미덕이 인간관계를 더욱 발전시킨다.

- ■ 소통하기 이전에는 타인의 세계를 파악할 수 없다.

- ■ 말보다 감정의 소통이 먼저 일어나야 한다.

- ■ 정신적 관심과 집중이 상대방의 마음을 열 수 있다.

- ■ 이론적 왜곡과 도덕적 편견 없이 타인을 바라봐야 한다.

2. 개인의 의사소통 스타일 진단과 해석

□ 의사소통의 방해 요인

[읽기자료]

커뮤니케이션의 걸림돌, 자기중심성

경영학의 아버지라 불리는 피터 드러커(Peter Drucker)는 '기업에서 발생하는 문제의 약 60% 정도는 잘못된 커뮤니케이션에서 비롯되고 있다'고 말했을 정도로 여전히 기업 내 커뮤니케이션 오류가 많이 나타나고 있다. 이에 많은 기업들이 커뮤니케이션 수준을 높이기 위해 자사 리더들에게 '경청' 등 커뮤니케이션 역량을 강조하는 모습을 쉽게 볼 수 있다. 그런데 이 과정에서 많은 리더들이 커뮤니케이션에 대해 한 가지 오해하고 있는 것이 있다. '좋은 커뮤니케이션이란 상냥하게 말하고, 항상 잘 듣고, 눈을 맞추고, 듣기 싫은 소리는 안하는 것'이라고 인식하는 것이다.

물론 항상 경청하고 매너 있게 말하는 것도 좋은 커뮤니케이션의 요건이다. 하지만 치열하게 경쟁하는 경영 환경 속에서 이러한 스킬을 매번 신경 쓰기란 여간 어려운 것이 아니다. 이러한 스킬이 오히려 커뮤니케이션을 더 어렵게 만들기도 한다. 그런데 잘 살펴보면 다소 거칠게 표현해도 구성원과 소통이 잘 되는 리더가 있는가 하면, 열심히 듣고 매너 있게 말해도 벽이 느껴지는 리더가 있다. 스킬도 중요하지만 커뮤니케이션의 핵심은 다른 데 있다는 것이다.

커뮤니케이션 오류의 원인, '자기중심성'

커뮤니케이션의 어원인 'Communicare'는 라틴어로 '공유하다', '함께 나누다'라는 뜻을 지니고 있다. 즉, 커뮤니케이션에는 어떤 경험을 함께 나누어 공유하고 공감한다는 의미가 내포되어 있다. 여기서 커뮤니케이션의 가장 큰 문제를 찾아볼 수 있다. 서로의 생각을 공유하는 것이 아니라 커뮤니케이션의 기준을 '나'에 두고 내 생각을 전달하거나 내 기준으로 판단한다는 점이다. 이를 심리학에서는 '자기중심성'이란 용어로 설명하고 있다.

■ 자기중심성이란? 사람들은 저마다 세상을 해석하고 이해하는 틀을 가지고 있다. 이 틀은 태어나면서 갖게 된 유전적 특성에 더하여 성장하면서 얻게 되는 경험과 지식을 통해 형성된다. 그런데 유전적 특성 및 경험과 지식이 동일한 사람은 없기 때문에 이 틀은 사람마다 모두 다르다. 때문에 같은 정보를 입력 받아도 사람마다 서로 다르게 이해하고 해석하게 되는 것이다. 그런데 세계적인 협상 권위가 스튜어트 다이아몬드(Stuart Diamond) 교수에 따르면 이러한 인식의 차이가 커뮤니케이션 실패의 가장 큰 원인이라고 한다. 즉, 상대방이 자신과 생각의 틀이 다르다는 것을 인지하지 못하고 지나치게 자기 틀에 사로잡혀 있으면 커뮤니케이션에 실패한다는 것이다. 이처럼 지나치게 자기 생각의 틀 속에 갇혀 있는 상태를 '자기 중심성'이라고 한다.

자기중심적 커뮤니케이션의 유형

유형 1 : 타인도 나와 같은 인식이라고 착각 '이렇게 쉬운 것도 몰라?'

유형 2 : 자기 판단에 대한 과신 '그건 아니지, 상식적으로 말이 돼?'

유형 3 : 확고해진 자기 고정관념 '치열함이 없어 … 여자라서 못할꺼야 …'

유형 4 : 타인의 반응에 둔감 '내가 하고 싶은 말은 …'

자기중심적 커뮤니케이션에서 벗어나려면…

스튜어트 다이아몬드 교수는 그의 저서 '어떻게 원하는 것을 얻는가'에서 상대방과 인식이 달라 갈등이 생기면 '① 나는 어떻게 인식하는가?', '② 상대방은 어떻게 인식하는가?', '③ 둘 사이에 인식의 차이가 있는가?', '④ 인식의 차이가 있다면 그 이유는 무엇인가?'는 4가지 질문을 반드시 생각해보라고 한다. 이러한 질문을 통해 상대방 입장에서 보고, 나와 상대방의 생각의 틀이 왜 다른지 이해하면 비로소 갈등이 풀리고 생각이 원활하게 교환될 수 있다는 것이다. 커뮤니케이션의 기준을 상대방에 두고 그를 이해하려고 노력하는 태도, 리더들이 놓치고 있는 커뮤니케이션의 핵심이 여기에 있다.

자기중심성에서 벗어나 타인에 대한 진정성 또는 진실함을 갖추는 것이 무엇보다 중요하다. 사람을 내 마음대로 움직이려는 욕심에서 벗어나서 상대방을 그대로 인정하고 그 사람을 배려하는 마음을 갖는다면 자연스레 '역지사지'의 정신을 갖게 될 수 있을 것이다. '대화의 심리학'의 저자 더글러스 스톤(Douglas Stone)은 커뮤니케이션에서 경청의 중요성을 강조하고 있는데, 경청의 핵심 역시 상대방에 대한 진실성이라고 주장하고 있다. 진실성 없이 '질문을 하라, 상대방의 말을 바꾸어서 다시 말해주라, 시선을 맞추어라' 등의 여러 가지 스킬들을 시도해보면 커뮤니케이션이 너무 가식적이고 기계적이 되어 오히려 역효과만 일어난다는 것이다. 커뮤니케이션을 잘하고 싶다면 그 스킬을 어설프게 흉내내고 노력하기에 앞서, 구성원들의 관심이 무엇이며, 무엇을 원하는지 진심으로 이해해야 한다. 진실성이 통한다면 말하는 스킬이 다소 부족해도 얼마든지 훌륭한 커뮤니케이션이 가능하다. 오로지 내 욕심인지, 아니면 상대방을 진심으로 위하는 것인지부터 다시 한번 생각하는 자세에서 비로소 커뮤니케이션의 변화가 시작된다.

자료 : 박지원(2012). LG 경제연구원..

■ 나의 의사소통 장애 요인 체크해보기

□ 사티어(Satir)의 의사소통 유형 검사지

* 다음 문항들을 읽고 현재 자신에게 적절하다고 생각되는 문항에 체크하세요.

1. 나는 상대방이 불편하게 보이면 비위를 맞추려고 노력한다. ( )

2. 나는 일이 잘못되었을 때 자주 상대방의 탓으로 돌린다. ( )

3. 나는 무슨 일이든 조목조목 따지는 편이다. ( )

4. 나는 생각이 자주 바뀌고 동시에 여러 가지 행동을 하는 편이다. ( )

5. 나는 타인의 평가에 구애받지 않고 내 의견을 말한다. ( )

_____

1. 나는 관계나 일이 잘못되었을 때 자주 내 탓으로 돌린다. ( )

2. 나는 다른 사람들의 의견을 무시하고 내 의견을 주장하는 편이다. ( )

3. 나는 이성적이고 차분하고 냉정하게 생각한다. ( )

4. 나는 다른 사람들로부터 정신이 없거나 산만하다는 소리를 듣는다. ( )

5. 나는 부정적인 감정도 솔직하게 표현한다. ( )

_____

1. 나는 지나치게 남을 의식해서 나의 생각이나 감정을 표현하는 것을 두려워한다. ( )

2. 나는 내 의견이 받아들여지지 않으면 화가 나서 언성을 높인다. ( )

3. 나는 나의 견해를 분명하게 표현하기 위해 객관적인 자료를 자주 인용한다. ( )

4. 나는 상황에 적절하지 못한 말이나 행동을 자주 하고 딴전을 피우는 편이다. ( )

5. 나는 다른 사람이 내게 부탁을 할 때 내가 원하지 않으면 거절한다. ( )

_____

1. 나는 다른 사람들의 얼굴표정, 감정, 말투에 신경을 많이 쓴다. ( )

2. 나는 타인의 결점이나 잘못을 잘 찾아내어 비판한다. ( )

3. 나는 실수하지 않으려고 애를 쓰는 편이다. ( )

4. 나는 곤란하거나 난처할 때는 농담이나 유머로 그 상황을 바꾸려 하는 편이다. ( )

5. 나는 나 자신에 대해 편안하게 느낀다. ( )

1. 나는 타인을 배려하고 잘 돌보아주는 편이다. ( )

2. 나는 명령적이고 지시적인 말투로 상대가 공격받았다는 느낌을 줄 때가 있다. ( )

3. 나는 불편한 상황을 그대로 넘기지 못하고 시시비비를 따지는 편이다. ( )

4. 나는 불편한 상황에서는 안절부절 못하거나 가만히 있지를 못한다. ( )

5. 나는 모험하는 것을 두려워하지 않는다. ( )

_____

1. 나는 다른 사람들이 나를 싫어할까 두려워서 위축되거나 불안을 느낄 때가 많다. ( )

2. 나는 사소한 일에도 잘 흥분하거나 화를 낸다.

3. 나는 현명하고 침착하지만, 냉정하다는 말을 자주 듣는다. ( )

4. 나는 한 주제에 집중하기보다는 화제를 자주 바꾼다. ( )

5. 나는 다양한 경험에 개방적이다. ( )

_____

1. 나는 타인의 요청을 거절하지 못하는 편이다. ( )

2. 나는 자주 근육이 긴장되고 목이 뻣뻣하며 혈압이 오르는 것을 느끼곤 한다. ( )

3. 나는 나의 감정을 표현하는 것이 힘들고 혼자인 느낌이 들 때가 많다. ( )

4. 나는 분위기가 침체되거나 지루해지면 분위기를 바꾸려 한다. ( )

5. 나는 나만의 독특한 개성을 존중한다. ( )

_____

1. 나는 나 자신이 가치가 없는 것 같아 우울하게 느껴질 때가 많다. ( )

2. 나는 타인으로부터 비판적이거나 융통성이 없다는 말을 듣기도 한다. ( )

3. 나는 목소리가 단조롭고 무표정하며 경직된 자세를 취하는 편이다. ( )

4. 나는 불안하면 호흡이 고르지 못하고 머리가 어지러운 경험을 하기도 한다. ( )

5. 나는 누가 나의 의견에 반대하여도 감정이 상하지 않는다. ( )

*각 단락의 번호별로 개수를 합하였을 때 가장 많은 문항이 자신의 의사소통 유형이 된다.

1번	2번	3번	4번	5번

자료 : 김복경 · 문용은 · 박종범 · 임윤서 · 한동욱(2012). 신라리더십. 신라대학교 출판부.

3. 효과적 말하기, 공감적 경청, 설득과 질문

1) 효과적 말하기

☐ 백트래킹(Back Tracking)과 미러링(Mirroring) 활용하기

■ 백트래킹은 상대방이 한 말에 대해서 상황과 대상에 따라 추임새 넣기, 질문하기, 바꿔 말하기 등으로 소통하는 방법이다.

■ 미러링은 상대방의 언어나 행동 등을 적절하게 거울처럼 행동으로 따라하는 방법이다. 그대로 따라하는 것보다 대상과 상황에 맞게 변화시켜야 한다.

☐ 긍정적 화법으로 표현하기

■ 간접화법 : "아니 여기서 담배를 피우시면 어떡합니까?"

　　→

■ 긍정화법 : "이번에는 학생장이 발표하지 마세요."

　　→

■ 플러스 화법 : "오늘 수업은 휴식시간 없이 연강한다."

　　→

■ If 화법 : "아무개는 성적이 좋지 않아 장학생으로 추천할 수 없습니다."

　　→

■ Yes 화법 : "자장면은 무슨 자장면이야, 이런 날씨에!"

　　→

■ I-Message 화법 : 내 감정이 부정적인 상태일 때. "야 왜 이렇게 시끄러워! 잡담 좀 그만해라! 내가 한말 다 알아들었어?"

　　→

　　　　　　(사실과 내용, 영향, 감정을 전달하는 방법)

□ 공감하는 칭찬하기

■ 스스로 그 일을 원하도록 하는 가장 좋은 방법은 칭찬이다.

■ 칭찬은 상대방에게 주는 멋진 선물과 같다.

■ 사람들이 가장 관심 있는 분야는 건강과 남들에게서 인정받는 것이다.

- 방법이 잘못된 칭찬하기

■ 무조건 칭찬하거나 잘못된 것을 칭찬

■ 부담을 주는 칭찬과 시기에 맞지 않는 칭찬

■ _____

■ 극단적 용어를 사용하는 칭찬과 똑같은 내용으로 다른 사람에게도 하는 칭찬

■ 비교하는 칭찬과 조건을 거는 칭찬

■ 노골적인 의도가 숨겨진 칭찬이나 아부성 칭찬

■ 음정이 가라앉은 칭찬이나 얼굴이 굳은 표정의 칭찬

■ _____

- 효과적인 칭찬하기

■ 내가 먼저 한다.

■ _____

■ 간결하게 한다.

■ 상대방 중심으로 한다.

■ 공개적으로 한다.

■ _____

■ 간접적으로 다른 사람을 통해 당사자에게 들리도록 한다.

- 마음과 말과 행동이 어우러지는 것이 좋다.

- _____

- _____

- 평소 칭찬하는 습관을 지닌다.

- 계속해서 노력한다.

자료 : 김복경 · 문용은 · 박종범 · 임윤서 · 한동욱(2012). 신라리더십. 신라대학교 출판부.

2) 공감적 경청

□ 듣기의 의미와 원칙

- 귀 기울여 듣고, 자기가 알고 있는 점을 확인하라.

    → 상대방의 말을 올바로 이해하고 있는지 확인하라.

    → 이해가 안 되면 다시 물어본다.

- 열심히 듣고 있다는 눈과 얼굴표정 등으로 상대방에게 알리라.

    → 눈으로 반응하라.

    → 얼굴표정으로 반응하라.

- ■ 진심으로 마음을 실어서 진지하게 흥미를 갖고 들어준다.
  - → 상대를 향해 똑바르게 눈을 떠서 보고, 관심 있는 요점을 기억하라.
  - → 상대방의 말씨 행동거지나 반응을 기꺼이 수용하라.
  - → 귀로 상대방의 감정을 느껴라.
  - → 간단한 말로 반응하라.
- ■ 상대방을 왕으로 생각하고 들을 때 바람직한 자세를 취한다.
  - → 턱을 고이거나 팔짱을 낀 자세는 듣는 사람들에게 물리적 장애가 된다.
  - → 의자에 앉아 있을 때는 다리를 꼬는 자세도 물리적 장애가 된다.
  - → 눈으로 들어라. 상대의 눈을 정면으로 본다.

□ 공감적 청취자가 되는 방법

- ■ 다른 사람이 말하고 싶어 하는 것을 들으려 한다.
- ■ 다른 사람의 감정을 진실된 것으로 받아들인다.
- ■ 이해하기 위해 듣고, 부정적으로 판단하지 않는다.
- ■ 메시지를 수정하거나, 주제를 바꾸지 않는다.
- ■ 작은 문제들이 아니라 목표에 집중한다.
- ■ 발표자의 문장을 끊지 않는다.
- ■ 결론으로 건너뛰지 않는다.
- ■ 미리 판단하지 않는다.
  (전에 이것을 들었는데, 따분한 내용이겠는걸, 너무 어려워, 등)
- ■ 집중한다. 시선을 계속 마주친다.
- ■ 적절하면 미소를 띤다.
- ■ 자신이 듣고 있다는 것을 보여주기 위해 계속적으로 적절한 몸짓을 사용하여 응답한다.

- 질문을 한다.

- 말한 것의 의미와 사실들을 요약할 수 있다.

- 무언의 메시지를 골라낼 수 있다.

- 협조적인 반응(요청받으면, 건설적인 비평)을 줄 수 있다.

3) 설득과 질문하기

□ 설득의 의미

- 설득은 서로의 진심을 나누는 소통

- 설득이란 ( )이 분명한 말이다.

나를 설명하는 형용사를 적용하고 상대에게 이해시켜 보자.
나는 ( )
나는 ( )
나는 ( ) 사람이다.

■ 설득의 세 가지 종류

지식설득
감성설득
행동설득

□ **질문의 힘**

■ 질문하면 (   )를 얻고 질문하면 (   )을 가진다.

■ 질문은 타인에 대한 긍정적 언어반응이며 자신에 대한 탐색까지 이끈다.

■ 상황과 대상에 맞는 진정성 있는 질문을 준비해야 한다.

■ 상대방이 겪은 이야기를 할 때 개방형, 발견형 질문을 던져보자.

나쁜 질문	좋은 질문
지금은 괜찮잖아?	기분이 좀 어때?
와. 난 그런 일은 절대 당하고 싶지 않아. 정말 안 됐다!	힘들겠다. / 어떡해. / 실망했겠네.
괜찮을 거야. 걱정마.	어떻게 이겨내고 있어?
이렇게 해야 돼. *상대가 조언을 구하는 상황이 아닌 이상 이런 말은 No!	어떻게 할 생각이야?
난 그보다 더 지독한 일도 겪었어! 무슨 일이 있었냐면….	어떤 상황인지 이해가 된다. 네가 무슨 말을 하는지 알 것 같아.
어떤 기분인지 내가 정확히 알지.	와. 네 기분이 어떨지 상상조차 할 수가 없다.
그냥 잊어버리고 넘어가.	그렇게 느끼는 게 정상이지. 얘기하고 싶으면 다 얘기해봐.

자료 : 크리스털 림 랭·그레고르 림 랭 저(2020). 박선령 역. 휴먼스킬. 서울: 니들북.

참고문헌

곽숙철(2012). 짐 굿나잇 회장의 감성리더십. CnE 혁신연구소.

김복경·문용은·박종범·임윤서·한동욱(2012). 신라리더십. 신라대학교 출판부.

김현정(2019). 심리적인 안전감을 줘야 진짜 리더. 동아비즈니스리뷰. 286호.

대니얼 골먼 저, 한창호 역(2008). EQ 감성지능. 서울: 웅진지식하우스.

대통령자문 지속가능 발전위원회(2005). 공공갈등관리의 이론과 기법(상)(하). 서울: 논형.

데이비드 호우 저, 이진경 역(2013). 공감의 힘. 서울: 넥서스 지식의 숲.

로만 크로즈나릭 저, 김병화 역(2014). 공감하는 능력. 서울: 더퀘스트.

리처드 보이애치스·애니 맥키 저, 정준희 역(2007). 공감 리더십. 서울: 에코의 서재.

리처드 H. 스미스 저, 이영아 역(2015). 쌤통의 심리학. 서울: 현암사.

마틴 호프만 저, 박재주·박균열 역(2011). 공감과 도덕 발달. 서울: 철학과 현실사.

미치 프린스턴 저, 김아영 역(2018). 모두가 인기를 원한다. 서울: 위즈덤 하우스.

메리 고든 저, 문희경 역(2010). 공감의 뿌리. 서울: 샨티.

박수선(2002). 평화를 여는 여성회 갈등해결센터 교육자료집.

박지원(2012). 커뮤니케이션의 걸림돌, 자기중심성. LG경제연구원.

박태순(2010). 갈등해결 길라잡이. 서울: 해피 스토리.

버지니아 모렐 저, 곽성혜 역(2014). 동물을 깨닫는다. 서울: 추수밭.

사이먼 배런 코언 저, 홍승효 역(2013). 공감 제로. 서울: 사이언스 북스.

스테판 에셀 저, 임희근 역(2011). 분노하라. 서울: 돌베개.

오우아(2012). 무관심은 최악의 태도. 네이버 오늘의 책 리뷰.

아담 그랜트 저(2013). 윤태준 역. 기브앤테이크. 서울: 생각연구소.

에른스트 페터 피셔 저, 박규호 역(2009). 슈뢰딩거의 고양이. 서울: 들녘.

전재권(2012). 나에게서 찾는 구성원간 갈등의 원인. LG Business Insight.

제레미 리프킨 저, 이경남 역(2010). 공감의 시대. 서울: 민음사.

최환규·김성희(2014). 갈등타파 매뉴얼. 서울: 매경출판.

크리스털 림 랭·그레고르 림 랭 저(2020). 박선령 역. 휴먼스킬. 서울: 니들북.

폴 에얼릭·로버트 온스타인 저, 고기탁 역(2012). 공감의 진화: 우리 대 타인을 넘어선 공감의 진화인류학. 서울: 에이도스.
한나 아렌트 저, 김선욱 역(2006). 예루살렘의 아이히만. 서울: 한길사.

Mennonite Conciliation Service(2000). Mediation and Facilitation Training Manual: Foundations and Skills for Constructive Conflict Transformation(4th Edition), Akron, Pa. Mennonite Conciliation Service.

중앙일보(2018년 3월 20일). 평창 패럴림픽 식당에서 배려를 보았다.

JOB & RECRUITING(2012년 1월16일). 스탭스 칼럼.